企業法務入門

菅原貴与志［著］
Takayoshi Sugawara

20講

Invitation to the Business Legal Practice

勁草書房

はしがき

　企業の活動は多岐にわたりますが，商取引に関する紛争ばかりではなく，社内の不祥事，消費者からの苦情，不当な企業攻撃，さらには会社経営のグローバリゼーション，DX の進展など，現代企業の直面する法的問題は多様化し，複雑化し，そして国際化しています。

　そうした環境を踏まえ，本書は，企業法務の重要課題につき，主に初任の法務部員や総務部門の法務担当者を対象として，できる限り平易で分かりやすく解説したものです。

　内容としては，商事法務（第6・7・8・9講），国際法務（第4・5講），情報法務（第10講），経済法・独禁法（第11講），労働法務（第12・13講），消費者保護（第14講），債権管理・回収（第17講），危機管理（第18・19講）等々の法分野について，各講の冒頭に実務的な事例（【Case】）を掲げ，その考え方の要旨（**本講のポイント**）を示した後，具体的な解説を論述しました（**解説**）。末尾には今後検討すべき事項（**発展課題**）も付記しています。また，紛争解決，予防法務，戦略法務という企業法務の3つの機能については，演習問題の形式で解説を試みました（第5・7・17講）。

　なお，本書の執筆に際しては，筆者が担当した慶應義塾大学「企業法務ワークショップ・プログラム」や企業向けの各種研修・セミナーにおける講義内容と質疑応答も参考としたため，講義録のような口語体で記述しています。

　本書が広く企業法務に携わる方々に少しでも役立つものになるのであれば，著者として望外の喜びです。

　本書の企画・構成段階から出版に至るまで，勁草書房の山田政弘氏・中東小百合氏には，終始多大なるお世話になりました。心からお礼を申し上げます。

2020 年 12 月

菅 原　貴与志

目　次

第6講　株式会社のガバナンス ……………………… 42

本講のポイント　42

解　説　42

第7講　戦略法務演習 ……………………………… 50

本講のポイント　50

解　説　50

第 **10** 講　情報法務 ……………………………………………………… 76

第11講　独禁法・競争法 ································· 86

第12講　労働法務 ····································· 96

第13講　ハラスメント，集団的労使関係 ………………………… 105

第19講　パンデミックと企業法務 …………………………………… 159

第20講　局中法度～よき法務担当者となるために ·················· 168

第 1 講　企業法務とは

【Case】
　そもそも企業法務とは何か。また，その担い手とは誰か。

本講のポイント

▶企業法務とは，多義的な概念である。

▶企業法務には，①紛争解決，②予防法務，③戦略法務の 3 機能がある。

▶本当の意味での企業法務を担うことができるのは，企業内部に精通した法務スタッフである。

解　説

① 企業法務とは

(1)　企業活動と法律

　企業の活動は多岐にわたりますが，その中心は対外的な商取引です。しかし，企業を悩ませるものは，取引先や競争相手との紛争ばかりではありません。社内の不祥事，消費者からの苦情，不当な企業攻撃，さらには会社経営のグローバリゼーション，DX（デジタルトランスフォーメーション）の進展など，現代企業の直面する法的問題は多様化し，複雑化し，そして国際化しています。

　このように，現在，経済社会における企業法務の果たすべき役割は日ごとに増しており，そこに企業の法律問題を扱う専門家の活躍の場があります[1]。ただ一口に「企業法務」といいますが，これも実に多義的な概念ではあります。10 人集まれば，十人十色。若干のニュアンスの違いを伴いながら，各々の企業法務のイメージを思い浮かべるであろうと推察できます。

---

1)　わが国現代企業の法務部門の実態については，経営法友会編著『会社法務部【第 11 次】実態調査の分析報告』（別冊 NBL160 号）が詳しい。

(2) 多義的な企業法務の概念

たとえば，会社法を中心とした商事法務の分野だけを指して，企業法務という言葉を使う場合があります。企業法務にとって，会社法制がもっとも重要な分野のひとつであることは間違いないのですが，それだけに限るものでもありません。

また，企業を取り巻く法律問題のうち，末期的な病理現象を取り出して別に扱い，これと対立させて企業法務を概念する場合もあります。倒産法弁護士とか会社再建弁護士と称されるスペシャリスト集団が，ここでいう末期的な病理現象の分野を担っています。これに対するのが企業法務だとすれば，企業法務とは，健康診断や人間ドック，日常的な健康管理から病気にかかったときの内科的な処方，ときには比較的簡易な外科手術まで，相当に幅広い守備範囲を指すことになるでしょう。

あるいは，企業法務について，対象企業との位置関係から論じる場合もあります。それによれば，企業の内部ないしこれに接着する立場で当該企業の法律事務を扱うのが，企業法務だといいます。主に企業人が「企業法務」という場合，多くはこの意味で用いられているようです。会社の法務部員が担っているのが本当の意味での企業法務であって，企業外部の弁護士の業務などは企業法務とは呼ばないということなのかもしれません。この点に，企業法務部門の自信や自負が窺えますし，それにはそれなりの理由もあるようです。

このように，企業法務の概念はきわめて多義的です。したがって，結局のところ，「企業にかかわる法律問題を扱う業務」という，ごく当たり前のような定義づけしかできないわけです[2]。

[2] 企業法務の機能

企業法務という仕事の枠組みを考えたとき，論者によって仕分けは若干異なりますが，

---

2) 企業法務の概念につき，菅原「企業の法務部門を強化するための企業法務再考論」月刊ザ・ローヤーズ4巻9号6頁。

①紛争解決，②予防法務，③戦略法務，
という 3 つの機能に分類するのが一般的でしょう[3]。

(1)　紛争解決

　このうち「紛争解決」とは，病理現象としての紛争が発生した段階で事後的に問題に対処する法務のことです。具体的には，訴訟実務がありますし，保全・執行，調停，仲裁，示談交渉なども含まれます。

　ちなみに，企業法務とはいいますが，なにも会社法や独占禁止法に関連した裁判が多いわけではありません。現実には，損害賠償請求，売買代金支払請求，保証債務履行請求，譲受債権支払請求，敷金返還請求など，いわゆる一般民事と呼ばれる事件が大半を占めています。このため，企業法務に携わる者としては，民法・商行為法といった企業取引の基本となる法律の研鑽を積みながら，訴訟手続の流れに即した民事訴訟法の基本も理解しておかなければなりません。

　弁護士資格を前提としない，担当者としての紛争解決については，**第 17 講**で債権回収を題材とした演習をしてみたいと思います。

　なお，外国で訴訟が提起された場合には，結局のところ，現地の弁護士に委任せざるを得ません。したがって，本邦企業の法務部門としては，ディスカバリー（discovery）のような訴訟手続の詳細を知るよりも，むしろ国際訴訟における送達（service of process）や管轄（jurisdiction）の実務を理解しておくことのほうが重要です。

(2)　予防法務

　企業法務において現実の仕事の大きな部分を占めるのが，「予防法務」の機能です。これは，契約の立案・審査・定型化，会社各部署からの法律相談，経営層に対する法律情報の提供，法務教育活動，損害保険の付保によるリスク管理，コンプライアンス活動など，法的リスクを予測し，事前にこれを予防しようとする法務の総体を指します。予防法務のなかでも，多くの時間と労力を割

3）たとえば，初期の文献として，小島武司編『会社法務入門 増訂』（青林書院，1983）16 頁。

いているのが，企業からの法律相談と各種契約書の立案（draft）・審査（review）の業務だと思います。こうした予防法務を医療にたとえれば，日常的な健康管理から診療所での初期的処置などに該当します。

　企業経営においては，「トラブってからでは遅い」というのが一種の常識でしょう。仮にトラブルが裁判にまで発展してしまうと，解決までに時間がかかるばかりでなく，たとえ勝訴しても満足な解決にならないことが少なくないからです。また，解決に労力やコストをかけるほど，企業としての社会的評価や名声（reputation）にも傷がつきます。したがって，法的リスクを事前に回避することが，効率的な企業経営にとっては至上命題となってきます。企業法務の分野において，この予防法務に力点を置くのは，このような理由があるのです。

　予防法務については，**第5講**で演習をしてみたいと思います。

(3) 戦略法務

　そして第三に「戦略法務」というものがあります。すなわち，法律感覚を活かして，企業の意思決定に参画する法務です。企業法務という仕事がレベル・アップしてくれば，経営トップによる意思決定の一端を担うようになってきます。

　しかし，戦略法務の真の担い手は，外部の法律家ではなく，経営者なり，その経営者の側近で法律事務を行う企業内の人たちです。もちろん，外部の法律専門家が，経営法務に関する助言をする，従たる立場で黒子として協働するという場面はあるでしょうが，大企業であれば法務部，中小企業であれば総務のスタッフが，専ら戦略法務の担い手となるわけです。

③ 企業法務の担い手

(1) 企業内

　企業法務の担い手を考えますと，企業内にも企業外においても，数多くの人々が関わっています。一定規模以上の企業には，法務部や法務課，あるいは

総務部の法務担当がいます。また，そこまでの事業規模でなくても，総務部門の責任者や担当者が企業法務に携わっていますし，場合によっては，経営者もある意味では企業法務の担い手です。

そして，本当の意味での企業法務を担うことができるのは，戦略法務や予防法務の分野において特に顕著ですが，外部の法律家ではなく，企業内部に精通した法務スタッフであることを確認しておきたいと思います。

(2)　企業内弁護士[4]

こうした予防法務や戦略法務の機能強化のため，欧米の企業社会では，企業内弁護士（in-house counsel）という存在がそれほど珍しくありません[5]。

わが国においても，法科大学院制度の導入に伴う法曹人口の増大と相俟って，企業内弁護士の人数も2,000名を超えるに至っており，今後の動向が注目されるところです。

(3)　企業外専門家との協働

これら企業内の法務担当者の脇を固めるようにして，企業外の専門家が関わっています。企業外の担い手としては，弁護士，司法書士，弁理士，税理士，社会保険労務士という法律専門家が占めています。また，紛争解決機関としての裁判所，各種仲裁機関，さらには，業法との関係では監督官庁や地方公共団体もあります。場合によっては，法律の理論的な専門家である学者・研究者も企業法務を支える場合がありましょう。

いかに企業内の法務部門を充実させたとしても，外部の弁護士に依頼すべき事項は存在し，その協力関係は不可欠です。たとえば，企業の法務部門に弁護士有資格者がいない場合，簡易裁判所の手続を除き，民事訴訟，仮差押・仮処分などの民事保全，民事執行といった手続を遂行するためには，弁護士に委任せざるを得ません。この点，日本の弁護士の場合は，諸外国と比較しても，訴

---

[4]　企業内弁護士に関し，菅原「企業法務と弁護士」宇都宮健児ほか『職業としての弁護士』（中経出版，2003）197頁。

[5]　*E. A. Farnsworth*, Introduction to the Legal System of the United States（2nd ed.）pp. 24-.

訟その他の紛争解決に活動の本籍があります。あえて誤解を恐れずにいうならば，訴訟実務を担う弁護士（litigation lawyer）としての経験の浅い法曹に対しては，企業の法務部門の信頼性も一般的に低い傾向があるように思います。

　なお，外国で訴訟が提起された場合には，前記②(1)でも触れたとおり，現地の弁護士に委任せざるを得ません。このため，特に事業展開をしている海外拠点においては，常日ごろから信頼できる現地弁護士との連絡体制を整え，国内の渉外事務所などを介さなくても，直接現地にアクセスできるネットワークを構築しておく必要があります。さらに，国内法務の分野においても，知的財産権や労働法関係など，特殊な知識・経験を要する法律分野，地方で発生した事件の処理などは，外部弁護士を活用すべきでしょう。

④　企業活動をめぐる法律の俯瞰

　企業法務では，商事法務，国際法務，債権管理・回収，独占禁止法，労働法，危機管理，知的財産権，税法，消費者保護法制，環境法，損害保険等，その関連する法分野は多岐にわたります。なお，なにも上場企業グループの大仕掛けな法務だけが，企業法務の仕事というわけではありません。小規模な会社にも，小規模なりに特有な難しい問題があります。

　以上を踏まえて，企業法務をめぐる各種の法律を俯瞰してみたいと思います。

(1)　民法・商行為法

　企業の活動の中心は，対外的な商取引です。取引の場面では，当事者の利害が相反するのが常ですから，日常生活と比較すれば，さまざまな法的トラブルが発生しやすい環境にあるといえるでしょう。もちろん，取引先と共存共栄（win-win）の関係を築くことが望ましいわけですが，法律相談として持ち込まれたときには，当方が得すれば相手方が損する，相手方にとってプラスならば当方がマイナスを被って嫌な思いをする，といった場面が多くなります。そうした私人間の利害関係を調整するという意味では，ビジネスに関する法分野として，やはり民法や商行為法を挙げなければなりません。このように，民法お

よび商行為法は，企業取引・契約の基本となる法律であり，企業法務にとって重要な分野です。

商行為法は，企業の取引行為を規制対象としますが，民法にも多数の取引に関する法規定が存在しています。特に民法総則・担保物権・債権総論・債権各論の分野は，債権管理・回収の実務などには必須です。また，商行為法は，企業に特有の規定として民法の規定を補充・変更するものであり，民法の特別法にあたります。したがって，企業取引であっても，商行為法に規定がない部分は，民法の規定が適用されることとなるわけです。

(2)　会社法

会社法は，会社の組織・運営の基本法であり，取締役・取締役会，株主代表訴訟，企業再編など，企業法の主要部分を占めています。

グループ経営政策や経営組織改革などは，企業にとっての重要課題に関連してきますので，この点については，**第6講・第7講**で検討してみます。

(3)　民事手続法，倒産法

紛争解決法務のためには，手続の流れに即した民事訴訟法の基本を理解しておかなければなりません。あわせて，民事調停・民事保全・民事執行などについての知識も必要です。

また，企業の病理的現象を規律するのが倒産法の分野です。債権回収の実務においても倒産処理の知識が必要となります。この分野は，債権者と債務者の双方の立場から実務的に理解しておかなければなりません。「取引先に破産の兆候がある」とか「民事再生手続を検討している様子だが，どういう手を打てばよいか」といった債権者の立場で事件を処理することも多いからです。

(4)　労働法

役員以上の人事は会社法の問題ですが，従業員と企業の法律関係を規律するのは労働法になります。会社法が適用される法律問題は，毎日発生するわけではありません。株主総会は年1回が通例ですし，取締役会でも月1回くらい，

ましてや合併，会社分割，事業承継などといった事案は，何年に１度あるかないかです。会社法は，きわめて重要な法律分野でありますが，現実に問題が発生する場面はそれほど多くありません。

　ところが，従業員は労働契約に基づき日々労務を提供し，それに対して経営者は毎月賃金を支払うわけですから，何らかの労務問題が生じる可能性も１年365日あるわけです。そういう意味で，問題に直面する機会は，会社法より労働法のほうが格段に頻度も高いと思います。また，就業規則・人事異動・解雇・懲戒・労働者派遣などの人事・服務規律関係，労働時間・有休・賃金・ハラスメント対策などの労働条件・待遇関係，労働組合問題，労働災害・通勤災害など，その守備範囲も広い分野です。

　さらに，企業組織に手をつけようとすれば，労働法の分野を避けて通ることはできません。たとえば，経営の集中と選択のために分社化を図っていくなど，企業再編に取り組むような場合には，会社法的な検討も重要ですが，これに必ず労働問題も付随してきますので要注意です。労働法の概要と労務リスクについては，**第 12 講・第 13 講**で解説します。

(5)　経済法・競争法

　企業法にとって重要な法律として，経済法・競争法の分野を挙げなければなりません。その中心に位置するのが独占禁止法（私的独占の禁止及び公正取引の確保に関する法律。「独禁法」）ですが，ここでは企業活動の基本的ルールを定めています。その目的は，公正で自由な競争を促進し，経済の効率的運営を実現することにあります。規制緩和が進むなか，企業法務のかかわる機会がますます増えてくる法分野だといえるでしょう。

　独禁法には，なにか「とっつきにくい法律だ」という印象を持つかもしれません。企業を取り締まるという側面をもっているわりには，条文だけを素読しても理解しにくいし，また，公正取引委員会による解釈・運用も時々の経済情勢によって変化しています。独禁法の概要については，**第 11 講**で解説します。

(6)　その他の法分野

　その他にも，企業法務に必須の法分野として，国際取引法，知的財産権，消費者保護法，個人情報保護法，公益通報者保護法，租税法，環境法，業種関連法，損害保険などを挙げることができます。

(7)　相次ぐ立法・法改正と企業法務への影響

　ところで，企業を取り巻く法律的な環境の変化が影響して，最近では新しい法律の立法や従前の法律の改正が相次いでいます。

　企業法務に携わる者としては，常にこれら新法や法改正をフォローしていかなければなりません。非常に大変ではありますが，その反面，企業法務の活躍の場も増えるのです。勉強すればするほど仕事の機会が増えるということでもあり，これに臆することなく，不断の努力をもって新しい法律や裁判例を勉強していかなければなりません。

発展課題
☑ DX 時代を迎えるにあたり，企業法務に求められる新たな課題について考えてみよう。

法律知識の基礎

> 【Case】
>
> 次の条文を解釈せよ。
>
> 民法 94 条
>
> ① 相手方と通じてした虚偽の意思表示は，無効とする。
>
> ② 前項の規定による意思表示の無効は，善意の第三者に対抗することができない。

本講のポイント

▶ 条文の文言と結びつけながら，法的な「要件」や「効果」を読む姿勢が重要である。

▶ 個別具体的な条文内容にこだわるよりも，法の趣旨（立法目的）を把握し，体系的理解に努めるべきである。

▶ 何が法的に認められ，何が認められないかを予測するのに，法律の条文だけではすべての事例に対応できない。そこで，判例は，その補充として役立つものとなる。

▶ 判例を読むにあたって大切なことは，つねにその事件の事実関係に留意し，その事実関係との関連においてその法律的判断の結論を読むことである。

解　説

1 条文の読み方

(1)　法律用語の特殊性

　法律の条文では，法律条文特有の用語が使われますが，一見現代語のようにみえてもまったく違うものと考えるべきです。したがって，法律の条文は，あたかも古文を読むような感覚で読んでいくくらいの注意が必要になります。

　たとえば，「善意」・「悪意」という言葉には，道徳的・倫理的な意味を含みません。「善意」とは，特定の事実を知らないこと（＝不知）であり，「悪意」

とは，その逆に事実を知っていること（＝知）です。

(2)　定義規定の存在

ところで，法律には，はじめにその法の目的や用語の定義が示されていることが少なくありません。

会社法では，冒頭部分に近い2条に「公開会社」「大会社」「社外取締役」「取得条項付株式」等々の定義が規定されています。また，独占禁止法でも，その2条には「私的独占」「不当な取引制限」「不公正な取引方法」等の定義が定められています。

法律用語の正確な意味内容を知ろうと思えば，こうした法律の定義規定を検索するという方法があります。

(3)　要件と効果

大半の条文は，定められた要件のもとで，一定の法的効果が発生するという，「要件」と「効果」の組合せで規定されています。ここでいう「効果」とは，法律で定められた権利や義務が発生したり消滅したりするという結果（法律効果）のことであり，また，「要件」とは，その法律効果を発生させるために必要とされる事実（法律要件）のことを指しています。

特に民法のような実体法の条文では，この法律要件・法律効果の組合せが顕著です。いくつかある法律要件を充たすと法律効果が発生する，という形式になっているのです。たとえば，Case に掲げた民法94条1項では，「相手方と通じてした虚偽の意思表示」という要件（①意思表示が真意でないこと，②これに相手方との間に通謀があること，という二つの事実）により，「無効」という効果が発生すると定めています。

以上のことから，条文の文言と結びつけながら，すなわち，法的な「要件」や「効果」を確認しながら読む姿勢でいれば，難解な条文も読み解くことができるようになります。

（4）　虚偽表示の読み方

　　意思表示とは，一定の法律効果の発生を欲する内心的な「意思」を外部に「表示」する行為です。たとえば，当事者双方の「売りましょう」，「買いましょう」という意思の合致が表示されたところに売買契約が成立します。

　　通常の場合，当事者の意思（「売りたい」という内心）と表示（「売りましょう」という外部的な表現）は一致しており，そこに齟齬はありません。しかし，意思表示に何らかの瑕疵があるとする場合，その効力をどのように考えるべきかについては，意思主義と表示主義という二つの立場があります。

　　意思主義は，内心の意思を重視して，意思と表示の不一致（意思の不存在）の場合に意思表示を無効とする立場です。これに対して，表示主義とは，表示行為のほうを重視して，意思と表示の不一致の場合に意思表示を有効とする立場をいいます。

　　たとえば，売主Ａが土地を売る気もないのに「売りましょう」と言ったのならば，そこには意思と表示の不一致があるので，表意者の保護（制的安全の保護）という観点からは，その意思表示の効果を認める必要がありません。この点，民法94条は，1項で「相手方と通じてした虚偽の意思表示は，無効とする」と規定しています。売主Ａが「この土地を売ります」と表示しながら，内心では「本当は売らないけどね」と思っている事実について，買主Ｂも先刻承知で，買う気もないのに「はい，買います」と表示したわけですから（虚偽表示），ＡＢ間の土地売買契約を無効としたのです。

　　ところが，94条2項では「前項の規定による意思表示の無効は，善意の第三者に対抗することができない」と規定していますから，善意（すなわち，虚偽表示の事実について「不知」）の第三者Ｃが登場した場合には，その無効を対抗できません。たとえば，土地の所有名義をＡからＢに移した場合，Ｂが自分に不動産登記の所有名義のあることを利用して，事情を知らないＣに売却すると，Ｂから転売を受けたＣとの関係では，ＡＢ間の売買契約が有効とされ，Ｃが目的物の所有権を取得するのです。

　　しかし，そもそもＡＢ間の売買契約は，民法94条1項によって無効なのですから，土地所有権がＢに移転することはなく，いまだにＡのところに所有

権は留まったままです。だとすれば，無権利者Bから土地を購入したCに承継すべき権利も存在しないということになります。しかし，それでは，信頼して取引関係に入ったCの利益（取引の安全）が害される結果となるため，この不当性を是正するために設けられたのが，94条2項なのです。このように，取引の安全に配慮する場面においては，原則型の意思主義ではなく，取引の安全保護（動的安全の保護）の観点から，表示主義が採用されることがあります。

　そして，企業法務が扱うビジネスの場面では，表示主義が妥当すべき事例が多いと思います。なぜならば，表示が存在する以上，これを信頼する者が登場するので，意思主義の原則よりも，取引の安全を図る必要性が高くなるからです。ビジネスの世界では，「いったん口に出した以上，それに責任をもて」というのが一つの規律だと思います。

② 法の体系的理解

(1)　自分なりの体系的理解

　目的のない社会システムは存在しません。法律も社会システムの一つである以上，そのシステムを稼働させることによって達成しようとする究極の目的があります。どの法律にも，「こうした被害を回避しよう」とか「このような世の中を実現しよう」といった目的があるのです。この究極目的のことを，立法目的ないし法の趣旨などともいいます。

　そして，各々の法律は，この目的を実現するために，さまざまな達成手段（means）ないし道具（tool）を「○条○項」という条文の形式で自らの構造に組み込んでいるのです。このような究極目的を達成するために用意された手段の束，それこそが法体系の実体だと考えてもよいでしょう。

　したがって，まずはその法律全体が目的とするところを見定める必要があります。達成すべき目的さえ大掴みに把握できれば，たとえ手段を定めた個別の条文を確認しなくても，社会人としての健全な常識で，「この法律はこういう目的だから，こうしたことは御法度だろう」とか「この法律の目的はこうだから，これは禁じられまい」などという判断（あたり）がつくはずです。また，

多くの場合，その判断が外れることはありません。

　企業法務では，数多くの法律を扱わなければなりませんが，勉強できる時間には限りがあります。そこで，まずは法の目的・趣旨を把握することに努めるべきです。この点，近年の法律には，目的条項が規定されています（独禁法1条，個人情報保護法1条，消費者契約法1条等）。こうした目的条項を精読することが，法の体系理解の早道です。

(2)　株式会社の基本構造

　ここで，会社法の体系をマクロ的に概観してみましょう[1]。

　会社は営利を目的とします（会社法5条・105条参照）。要するに，会社とは「金儲けのためのシステム」であるということを意味しています。会社は営利を目的とするわけですから，資金を調達し，この資金を元手に対外的経済活動を行い，それによって獲得した利益を資金提供してくれた出資者に還元・分配しなければなりません。

　金儲けをするためには，必ず元手が必要です。この元手を得やすくするため，すなわち資金調達の便宜から，法は「株主有限責任の原則」を採用しました（会社法104条）。株主は，会社に対して，出資した価額の限度でしか責任を負いません。たとえ会社が左前になったとしても，出資した分だけをあきらめれば，会社の債権者からその余の責任を追及されることはないのです。このように出資に伴う危険（リスク）の少ない株式会社は，利益（リターン）を求める一般大衆にとって，出資・投資のしやすい対象となります。

　また，金のある人間が必ずしも商売が上手いとは限らないし，逆に金がなくても商才に長けている人物はいます。そこで，より効率的な金儲けを実現するために，法は，金のある者には，出資によって会社を所有させ，金儲け（経営）については，それが上手い人物に任せることにしました（所有と経営の分離。会社法331条2項参照）。ここでいう金のある人間とは，会社に出資するだけの経済力を有する者，すなわち株主のことです。株主は，出資することにより，

---

　1)　株式会社の基本構造については，菅原『新しい会社法の知識〔全訂版〕』（商事法務，2006）8頁。

会社を割合的に共有しますから，会社の実質的な所有者の地位に立ちます。

　すべての議論はここから始まります。970 条以上に及ぶ会社法ですが，株式会社の基本構造も，その大枠は割りに単純です。この基本構造を前提に，実務的な問題についても，株主・経営者（狭義の会社）・第三者（債権者）各々の利益をどう調整すべきかを検討すればよいのです。

③　判例の読み方

(1)　判例の意義

　判例とは，裁判所による判断のうち，先例としての意味をもつ裁判（判決，決定，命令の総称）のことをいいます。より厳密には，最高裁判所の判断を「判例」，それ以外の裁判所（地方裁判所，高等裁判所）の判断を「裁判例」といいますが，すべてを指して「判例」ということもあります。

　我が国は，英米法系の判例法主義を採用せず，成文法を第一義的な法源とする大陸法系の国ですが，それでもなお，判例は，実務上，きわめて重要な役割を担っています。

　法律は，世の中のあらゆる事象を想定して，いわば隙間なくつくられているわけではありません。また，法律の条文はあるが，それが二通りにも三通りにも読める（多義的に解釈できる）ため，直面する具体的事実にどう当てはめてよいのか迷う，という場合もあるでしょう。このように，何が法的に認められ，何が認められないかを予測するのに，法律の条文だけではすべての事例に対応できないのです。そこで，判例は，その補充として役立つものとなります。

　なお，最高裁の判例と地裁・高裁の裁判例とでは，規範的意義が大きく異なることにも注意が必要です。最高裁の判例に示された規範は，条文に匹敵するほどの意義があります。他方，地裁・高裁の裁判例は，最高裁判例ほどの重みはないものの，新しい法的論点を検討する場合などには，参考になることが多いと思います。

(2) 判例を読むときの姿勢

　裁判所は，議会ではありませんから，たとえ最高裁であっても，国会のように立法をするわけではありません。法律を解釈・適用して，具体的な事件を解決するのが，司法の役割です。要するに，裁判所の判断というものは，その事案を解決する限りにおいて，法解釈・法適用をするに過ぎません。

　したがって，判例を読むにあたって大切なことは，つねにその事件の事実関係に留意し，その事実関係との関連において，その法律的判断の結論を読むことです。

　次には，何が争点・論点であるかを把握する必要があります。さらに，その判例についての解説などを読むことにより，その判例が従来の判例とどういう関係に立つか，学説との関係はどうかということを知るように努めます。

(3) 判例の射程

　判例を読むときには，事実との関係を踏まえた上で，その「判例の射程」範囲を確認することも必要です。そこでは，裁判所の判断が，判断の対象となった具体的な事実関係のみに妥当するのか，それとも，一般的・抽象的にも適用が可能なものなのか，といった検討が求められています。

　たとえば，裁判所が条文を解釈して，そこから導き出される規範を定立する場合や，他の類似事例を意識し，あえて抽象的な表現で判決することもあります。こうした場合には，一定程度に一般化・抽象化された裁判所の判断が，他の事例にも影響を与えることとなり，その事例に「判例の射程」が及ぶことになるわけです。

　また，裁判所の判断の対象となった事実関係が，いわば典型的なものなのか，あるいは，特殊な事案なのかによっても，「判例の射程」の長短は影響を受けます。きわめて特殊な事実関係の下での判断ならば，「判例の射程」が及ばない場合は多いでしょう。

(4) 重要な財産の処分

　会社法 362 条 4 項 1 号は，「重要な財産の処分及び譲受け」を取締役会決議

事項と定めています。したがって，これを代表取締役の独断で決めることはできませんし，株主総会もその決定には関与できず，取締役会のみが決定できる専権事項です。このような経営の重要事項は，会社の利益を確保するため，英知の結集たる取締役会で審議するとともに，代表取締役の独走をも防止しなければならないからです（会社法362条2項1号2号参照）。

　ところが，条文上は「重要な」としか定められておらず，何をもって重要か，重要ではないか（すなわち，取締役会に付議すべきか否か）が判然としませんので，一つの解釈問題になります。この点，「重要な財産の処分に該当するかどうかは，当該財産の価額，その会社の総資産に占める割合，当該財産の保有目的，処分行為の態様及び会社における従来の取扱い等の事情を総合的に考慮して判断すべきものと解するのが相当である」とした上で，総資産の約1.6%に相当する価額の財産を売却したことが「重要な財産の処分」に当たると判示した最高裁の判例があります（最判平6年1月20日民集48巻1号1頁）。

　しかし，本件の売却財産は，会社の保有する株式でした。株式は，不動産等と比較しても，企業価値の高低によって容易に価額が変動する財産です。したがって，判例の示した「1.6%」という数値基準も，それなりに割り引いて考えておく必要があります。そこで，実務では，（定款等，会社に依るべきルールがあれば，それに従い，なければ）直近の貸借対照表上で総資産の1.0%以上の場合には，取締役会に付議すべしと解釈しています[2]。

　これも「判例の射程」に関連する一つの事例ではないかと思います。

発展課題
　☑ 民法の体系と指導原則について，企業法務の視点から整理してみよう。

---

2) 東京弁護士会会社法部編『新・取締役会ガイドライン〔第2版〕』（商事法務，2016）143頁。

第 **3** 講　契約と契約書

【Case】
　次の各項目は○か×か。
1. 契約は口頭だけでは成立しない。
2. 「覚書」のほうが「契約書」よりも法律的な効力が弱い。
3. 印紙を貼らない契約書も有効である。
4. 「営業部販売課長」名義の業務委託契約も有効である。

本講のポイント

▶ 契約は，当事者双方の意思の合致さえあれば，それだけで成立する。
▶ 契約書を作成する意味は，①契約内容の明確化，②後日の証拠，という2点にある。
▶ 契約書の標題によって法律的な効力に差があるわけではない。また，契約書の効力には，印紙貼付の有無も関係がない。
▶ 会社が当事者の契約書では，対外的な代表機関である代表取締役の名義とするのが原則だが，会社からその契約締結に関する代理権があれば，代表者以外の名義でも問題ない。なお，代表権限のない者がその名義で契約した場合でも，会社に責任が生じることがある。

解　説

① 契約の成立

（1）　契約の成立要件

　契約は，口頭だけで，すなわち，当事者双方の意思（申込みと承諾）の合致さえあれば，それだけで成立します（契約の成立要件）[1]。

　契約の成立には，法律上何らの方式も要求されません。したがって，口頭の

　1）契約の有効要件としては，可能・確定・適法を挙げることができる。

契約（俗にいう口約束）も有効なのです[2]。

(2)　契約書を作成する理由

　では，なぜ契約書を作成するのでしょうか。契約書を作成する意味は，おおむね次の二つの点にあります。

　第一は，契約内容を明確にするためです。口約束だけでは細かいところまで明らかにすることができませんし，双方が誤解していることもあり得ます。契約書という書面にしておけば，合意した内容を明確にすることができます。

　第二に，契約成立およびその内容について，後日の証拠とするためです。口頭の契約では，しばしば「言った，言わない」という水掛け論になりがちで，どちらも「自分のほうが正しい」と主張します。こうしたトラブルを防ぐためにも，きちんとした契約書を作成しておかなければなりません。契約書を作成しておけば，後日のきわめて有力な証拠となるからです。特にビジネスの場面では，主に後日の証拠のために，契約書を作成するのが通例でしょう。

②　契約書の実務

(1)　契約書の形式

　法務を担当していると，「契約書というのも大袈裟なので，覚書くらいを交わそうと思うのですが……」などという相談を受けることがあると思います。しかし，「覚書」のほうが「契約書」よりも法的な効力が弱いなどということはありません。

　契約書を作成するのに，法律上のきまりや制限はありません。その文書の記載内容からある種の契約の存在が推測できれば，すべて「契約書」と考えてよいのです。表題が「覚書」であろうが，「合意書」「念書」「協定書」となっていようが，それはすべて「契約書」であり，法的な効力に差があるわけではありません。

　2）ただし，英米法系の諸国には，Statute of Fraud（詐欺防止法）という，ある種の契約が裁判上強制可能となるために書面によってなされることを要求する法原則がある。

なお，契約書の効力に，印紙貼付の有無は関係がありません。契約書には印紙を貼付しますが（印紙税法2条・8条），これは税法上の問題であって，仮に印紙を貼らなくても，契約書が民法上無効となるわけではないのです[3]。

(2) LOIと秘密保持条項

　たとえば，M&Aの交渉過程では，まず買手の側が売手についての初期的な検討を行い，仮に関心がある場合には，買収に関する基本的な合意をします。このとき，双方で"Letter of Intent"（LOI。予備的合意または基本合意書）を交わし，詳細な企業情報の開示を受けて，due diligence（投資対象の企業価値やリスクを調査すること）を実施し，買収価格や買収条件等の本格的な検討・交渉を行うのが通例です。

　LOIにおいて，最も重要なのが，秘密保持条項（Confidentiality Clause）でしょう。いわば水面下で進められるM&Aの交渉においては，取引に関する重要事項，営業，業務，技術上の秘密などの漏えいを防止すること（保秘）が，いわば絶対の条件となるからです。

Neither party hereto shall, without prior written consent from the either party, disclose to any third party the Confidential Information received from the other party in the course of performance of this agreement.
（いずれの当事者も，相手方の書面による同意なしに，第三者に対し，本契約の履行の過程で相手方から取得した秘密情報を開示してはならない。）

　秘密保持条項で重要なのは，①秘密保持の対象となる情報の範囲（何を），②秘密保持義務を負う人的範囲（誰が），③秘密保持義務の期間（いつまで），④秘密情報の管理体制（どのように）の各点です[4]。たとえば，たとえ秘密保持条項を設けたとしても，秘密保持の対象となる情報の範囲を単に「秘密情報

3）企業法務にとっては，印紙税の基礎知識も必須項目である。国税庁「印紙税の手引」（2020年6月）。

4）菅原「Confidentiality（秘密保持条項）」杉浦＝菅原＝松嶋編著『英文契約書の法実務』（三協法規出版，2012）89頁。

(Confidential Information)」と規定するだけでは，当事者間で疑義が生じ，後に
紛争を招きかねません。したがって，いかなる情報が契約上の秘密情報に該当
するかを明確にするよう，秘密保持の対象をできる限り特定する必要があるの
です。

(3)　契約書の名義

(a)　契約締結権限の所在

　会社が当事者の契約書では，会社の対外的な代表機関である代表取締役（会
社法 349 条 1 項）の名義とするのが原則です[5]。

　しかし，会社からその契約締結に関する委任があれば（代理権授与），代表取
締役以外の名義でも問題ありません。たとえば，会社の業務権限分掌規程など
によって，権限の委任があれば，支店長や部長名義，場合によっては販売課長
名義の契約書も有効です。

(b)　権利外観法理

　代表権限のない者がその名義で契約した場合でも，会社に責任が生じること
があります。たとえば，表見代表取締役（会社法 354 条），表見支配人（会社法
13 条），表見代理（民法 109 条・110 条・112 条）が成立する場合には，会社に法
的責任が生じます。これを表見法理または権利外観法理といいます。

　権利外観法理とは，真実は権利や権限がないにもかかわらず，外形上はその
ような権利や権限があるかのように見える状態を作り出した者は，その外観を
真実であると信じて取引をした者に対して，その外観に基づく責任を負うべき
であるとする理論のことです。その目的は，取引の安全・迅速性に資すること
にありますから，特にビジネスの場合で重要な考え方となります。

　これが認められる一般的な要件は，

① 真実と異なる虚偽の外観が存在すること（外観）

② 真の権利者に外観作出の帰責性が認められること（責任）

5）指名委員会等設置会社の場合には，代表執行役がこれに該当する（会社法 420 条）。また，業
　務執行権限の分担を受けた取締役（業務執行取締役）も，その権限の範囲内で業務を執行できる
　から，契約者の名義人となり得る（会社法 363 条 1 項 2 号。第 6 講①(1)参照）。

③ 外観に信頼（善意・無過失）したこと（信頼）

の三つです。

(c) 利益相反取引

関連会社相互で取締役を兼任している事例では，取締役の利益相反取引も問題となる場合があります。たとえば，A社の取締役が関連会社a社の代表取締役を兼務している場合，当該代表取締役名義でA社とa社間の契約を締結するときには，A社の取締役会の承認を得なければなりません。

取締役は，「自己又は第三者のために株式会社と取引しようとするとき」，「株式会社が取締役の債務を保証することその他取締役以外の者との間において株式会社と利益が相反する取引しようとするとき」（利益相反取引）には，当該取引につき重要な事実を開示し，その承認を受けなければなりません（会社法356条1項2号3号・365条）。これが利益相反取引の規制です。

このように，会社と取締役との間の取引に規制が設けられている趣旨は，会社の不利益防止にあります。取締役がその地位を利用して，会社と利益が相反するような取引を行えば，会社の利益が犠牲となる危険がありますから，取締役会の承認を必要とする旨を定めて，会社との利害の衝突を予防したのです[6]。

③ 契約書作成時の注意事項

(1) 契約交渉と契約書作成

契約交渉も，示談交渉と同様に，ある種の情報戦と心得ておかなければなりません。

信用調査などによって，事前に相手方の実態や支払能力を十二分に知っておく必要もあります。相手方の事業規模，経営者の資質，関連事業の状況，本業の将来性，決済手段，支払サイトなどが，審査のポイントとなるでしょう。

もちろん契約書の形式面にも，細心の注意を払う必要があります。不完全な

---

6)「自己のためにした」利益相反取引である場合，当該取引をした取締役は，任務を怠ったことが自己の責めに帰することができない事由によるものであっても，責任を免れることができず，一部免除も認められていない（会社法428条）。

契約書はトラブルのもとですから，自社にとって安全かつ有利な契約を締結することに心がけなければなりません。また，署名捺印を忘れないこと，むやみに捨印を押さないことなどにも，十分に留意したいものです。

　以上，契約書作成時の一般的注意事項を列挙すれば，

① 用語使用上の注意

② 合意内容自体にくい違いのないこと

③ 第三者が読んだ場合を意識すること

④ リスクマネジメント

⑤ 現場実務との整合性

あたりがチェック・ポイントとなります。

(2)　有利な特約条項の作成

　契約を締結する際に，契約書に盛り込んでおくと有利に機能する特約条項があります。特に自社にとって有利と思われる例を掲げておきます。

①　無催告解除条項

　無催告解除条項は，「契約当事者につき，次の各号の一に該当する事由が生じたときは，相手方は，何らの通知・催告を要せず，直ちに本契約を解除することができる（各号略）」といった内容の条項です。法律上は，相手方が契約に違反しても，履行を催告するなどの手続を履まなければ，契約を解除できません（民法541条）。しかし，この条項を設けておけば，相手方の信用不安が生じた場合などには，直ちに契約を解除することができるのです。たとえば，倒産会社に納入した自社商品を引き揚げる場合，契約解除の意思表示をするだけで当該商品の所有権を自社に戻すことができます。

②　期限の利益喪失条項

　期限の利益喪失条項とは，「本契約の規定に基づき本契約が解除され，または終了したときは，当然に期限の利益を失い，債務の全額を直ちに支払わなければならない」旨を定めた特約です。前記の無催告解除条項と一括して規定する例が多いと思います。ここでいう「期限の利益」とは，期限が到来するまで支払を請求されないという債務者の利益のことです。この条項により，債務者

の財務状況が悪化したときには，直ちに残金全額の支払請求や相殺ができます。

　③　損害賠償額の特約

　損害賠償額の特約とは，「買主が代金の支払を怠ったときには，支払期日の翌日から支払済みまで年○割の割合による損害金を売主に支払う」などと約束するものです。相手方が債務不履行の場合でも，具体的な損害額を証明できないことが多いので，あらかじめ損害額やその割合を決めておく実務的な意味は大きいといえるでしょう。これによって，相手方に契約を守らせる心理的強制効果も期待でき，仮に契約違反したときでも早期に損害賠償を受けられます。

　④　合意管轄条項

　合意管轄条項とは，「本契約に関して紛争が生じた場合，第一審の管轄裁判所を東京地方裁判所とすることに合意する」といった定めです。遠方の裁判所に訴訟を提起された場合の負担は思いのほか小さくありません。そのような無駄を省くためにも，あらかじめ当方にとって地理的に便利な裁判所を管轄裁判所と定めておくとよいでしょう。

　なお，この合意管轄条項ないし裁判管轄条項（Jurisdiction Clause）は，国際契約において，より重要な意味をもちます。

The parties hereto shall submit for all purpose of or in connection with this Agreement to exclusive jurisdiction of the Tokyo District Court of Japan.
（この契約の当事者は，この契約のまたはこれに関連するすべての目的のために，日本国の東京地方裁判所の専属的裁判管轄に服する。）

---

④　国際取引契約

　国際取引契約も，国内契約と共通する点が多いですが，英文契約特有の条項もあります。

　たとえば，国内契約では問題にならないものの一つに，準拠法（Governing Law）の問題があります。準拠法とは，紛争が生じた場合に，どちらの国の法律によって解決するかということです。

> The Agreement shall be governed by and construed in accordance with the laws of Japan.
>
> （この契約は，日本の法律に準拠し，これに従って解釈される。）

　双方とも自国の法律の適用を主張するのが一般的ですが，結局のところ，両者の力関係により決定されてしまいます。したがって，もしニューヨーク州法やカリフォルニア州法，あるいは英国法など，国際的に通用するような法律ならば，あまり準拠法にはこだわらず，ここを譲って，他の実質的な条件（たとえば，価格の引下げ）で「実を取る」という方法もあるでしょう。

　ところで，契約交渉の際，当事者双方ともに自国の準拠法と裁判管轄（Jurisdiction，前記③(2)④）を主張して譲らず，なかなか合意に至らないという場合があります。この場合，準拠法と裁判管轄のどちらかを選択するとすれば，もちろんケース・バイ・ケースなのですが，一般的には裁判管轄を日本にもってくることにこだわるのが得策だと思います。ルール（準拠法）は世界共通といった部分がありますが，試合場所であるコート（裁判所）は地元のほうが有利に働くからです。

　また，不可抗力（Force Majeure）条項も注意が必要です。国内契約においては，「天変地変，戦争，その他の不可抗力によって，物件の引渡しが遅延し，または不能になったときは，当事者は一切の責任を負わない」などと定められますが，英米法では当事者に過失がなくとも債務不履行責任が発生するので，この条項にどのような免責事由を列挙するかが重要となります[7]。

　これら国際取引契約については，**第4講**で詳しく解説します。

発展課題

☑ 自社にとって圧倒的に有利に契約条項を作成することの弊害について考えてみよう。

---

7) コモンローのフラストレーション理論（Doctrine of Frustration。当事者が予想しなかった事態が生じ契約を履行できない場合に契約が消滅するという考え方）の下，Force Majeure Clause では想定できる限りの事由を列挙する。

第 **4** 講 　 **国際取引・英文契約**

【Case】
　国内契約の疑義解決条項と英文契約の Entire Agreement Clause を比較した場合，どのような日本と欧米の契約観の差異が見出せるのであろうか。

本講のポイント

▶ 国際取引契約も，契約である以上，国内契約と共通する点が多いが，使用言語（英語）という形式面ばかりでなく，欧米の契約観の違いを理解する必要がある。

▶ 法律英語には，助動詞の用法，数字・日付・期間の表示，類義語の重複など，いくつかの特色があり，これらを知ることが英文契約書の読解力向上につながる。

解　説

[1]　国際取引の基本——契約観の違い

(1)　国際取引と英文契約

　国際取引でトラブルが発生すると，その処理の厄介さは国内取引の比ではありません。したがって，企業の担当者としても，国際契約の基礎知識は身につけておきたいものです。

　ところで，現在の国際取引では，圧倒的に英文契約が多く，ともに英語を公用語としない国の当事者間（たとえば，日本とフランス間）の契約も，英語を用いるのが普通です。したがって，国際契約は，イコール英文契約と考えておけば足りるでしょう。

　契約である以上，国内契約と共通する点がきわめて多いのは当然です。しかしながら，英文契約には，いくつかの特徴的な差異があります。もちろん使用する言語が違うわけですから，形式面が大きく異なることは当然ですが，それに加えて，そもそも契約書に対する意識に違いが存在します。まずは，この契

約観の違いといったものを理解しておく必要があります[1]。また，相手方の信
用調査，適用される法律，紛争が生じた場合の解決方法などにも十分に留意し
ておくべきことは当然です。

(2)　疑義解決条項と Entire Agreement Clause

国内契約には「本契約の内容につき疑義または紛争が生じた場合には，当事
者において誠意をもって協議し，円満なる解決を図るものとする」といった疑
義解決条項を入れるのが通常です。契約書に書かれていないことでも，後で話
合いによって円満に解決しようという趣旨です。ところが，国際契約にこのよ
うな疑義解決条項に対応するものは見当たりません[2]。

これに対して，英文契約には，次のような完全合意条項（Entire Agreement
Clause）と呼ばれる条項が書かれています[3]。

> This Agreement constitutes the entire and only agreement between the parties
> hereto with respect to the subject matter hereof and supersedes and replaces
> any and all prior agreements or understandings, written or oral, expressed or
> implied, between the parties hereto.
> （この契約は，本件に関する両当事者の合意の唯一すべてであって，本契約締結
> 前における当事者間の書面または口頭，明示または黙示のすべての契約または了
> 解にかかわるものである）

これは当事者間の合意は契約書に書かれたことがすべてであって，逆に契約
書に書かれていないものは合意していないことを意味しています。要するに，
後で契約内容に疑義が生じないためにこそ，契約書を交わすのです。そこに国
内契約のような疑義解決条項を入れてしまえば，いったい何のために契約を交
わすのか分からなくなってしまいます。欧米のビジネス・パーソンにとって，

---

1)　杉浦＝菅原＝松嶋編著『英文契約書の法実務』（三協法規出版，2012）24 頁。
2)　ただし，国際取引契約には，こうした疑義解決条項のような規定がまったく存在しないとステ
　レオ・タイプに理解することも誤りである。たとえば，契約当事者間で争いが生じた場合の解決
　手続を事前に定める紛争解決条項（Dispute Resolution Clause）を設ける例もある。
3)　完全合意条項により，米国契約法上の口頭証拠排除法則（Parol Evidence Rule）を補強する
　ものとなる。杉浦＝菅原＝松嶋編著・前掲注 1) 19 頁。

疑義解決条項の存在はおよそ理解されません。その意味で，英文契約における完全合意条項は，国内契約の疑義解決条項とは，いわば正反対の考え方といえるでしょう。

(3) 「信頼の証し」か「不信感の象徴」か

　一般的にいえば，日本においては，契約そのものが当事者間の「信頼の証し」であり，両社の協力関係を築く第一歩として契約書を交わすに過ぎません。一見客として発注と納品を重ねていって，お互いに気心が知れてきたから，「じゃあ，そろそろビジネス・パートナーとして正式な商取引基本契約でも締結しましょうか」ということになり，契約書を交わすのです。

　これに対して，国際取引の場合，相手方とは，国籍も違えば，使用する言語も違います。人種や民族や通貨が違いますし，見た目も，拝む神様・仏様も違うのです。要するに，相手のことなど，そう容易くは信用していません。したがって，欧米において契約書とは，あらゆる最悪の事態を想定して書かれた，いわば「不信感の象徴」なのです。

　こうした契約観の違いを前提とすると，国内契約を審査するとき以上に，細心の注意をもって内容を慎重に吟味する姿勢が必要となってきます。たとえば，手紙のような形式の書面であっても，軽々にサインしてはならないのです。

② 法律英語の特色

　法律英語には，助動詞の用法，数字・日付・期間の表示，類義語の重複など，いくつかの特色があります。これらを知っておけば，英文契約書の読解力も格段に向上するはずです。

(1) shall, will, may の用法

　英文契約では，"shall" や "may" などの助動詞が多用されますが，これらの意味は日常英語とは異なっているため，注意が必要です。

　"shall" は，単なる未来を示すのではなく，契約上の義務〔……しなければな

らない〕を表す助動詞です⁴⁾。また，"shall not" は禁止〔……してはならない〕を意味します。ちなみに，契約で "must" はほとんど使用しません。これらに対して，"may" は，権利（right）・権限（power）〔……することができる〕を表す助動詞です⁵⁾。

(2)　数字・日付・期間の表示

　数字の表記については，"fifteen (15) days" のように，数字をカッコ内に記載すると双方の誤解を防止できます。

　期間のうち，「何月何日までに」といった終期を示すには，"by" または "before" を使用します。この場合，"by" は当該日を含む意味となり，"before" は含みません。たとえば，

"Company shall deliver the Product to Purchaser by March 18, 2020."

ならば，3 月 18 日を含みますが，

"Company shall deliver the Product to Purchaser before March 18, 2020."

では，3 月 18 日を含まないということになります。

　また，「何月何日までは」を示すためには，"till and including" を使います。

　一方，始期を示すためには，"commencing with"，"from" などを使用します。この場合，"commencing with" は当該日が期間に参入される意味となり，"from" は参入されません。したがって，

"Company shall deliver the Product to Purchaser within thirty (30) days commencing with March 18, 2020."

は，3 月 18 日を含む 30 日間を意味しますが，

"Company shall deliver the Product to Purchaser within thirty (30) days from March 18, 2020."

ならば，3 月 19 日が期間の初日となります。

---

4)　契約書では "will" を用いることがあり，これも "shall" 同様に義務を表すが，"will" には法的強制力がない場合も含み得る。

5)　"may" に代えて "is entitled" という用語が使われることもあるが，その場合には法的強制力を伴わない意味で用いられていることが多い。

（3） 頻出用語の例

　法律英語では，後記 (5)(6) のとおり，古語・ラテン語が多用されたり，類義語を重複したりするために文章そのものが長文化するなど，難解で分かりにくい面があります。また，契約書に使用される英語も，法律用語として登場する場合には，一般的な意味内容と異なることも少なくありません。

　契約書に頻出する用語を列挙するならば，次のとおりです（abc 順）。

- above, above-mentioned, aforementioned, aforesaid

　いずれも「前記の」「前述の」という意味であり，後記 "said" と同じです。

- agreement

　"agreement" には，合意，協定，協約など，広い意味がありますが，英文契約書に記載されている場合は，主に契約ないし契約書の意味で用いられています。契約を意味する言葉としては "contract" という単語もあり，講学上は，広義の契約（agreement）のうち，法的に強制可能（enforceable by law）なもののみを "contract" と呼称しています。しかし，契約実務においては，法的強制力の有無にかかわらず，"agreement" の語を用いる例が大半です。

- counterpart

　契約書の正本・副本のうち一通のことを指します。

- execute

　英文契約書では，「契約を履行する」，「証書を作成する」，「契約書に署名する」などの意味で用いられます。

- here-

　英文契約書には，hereafter・hereinafter（以後本契約書では），hereby（本契約書により），herein（本契約書に，本条に），hereto（本契約書に関し）など，here から始まる単語が多用されています。この "here" は，"this（agreement）" の意味に置き換えてください。たとえば，

"Buyer and Seller hereby（= by this agreement）agree…"

"The Parties hereto（= to this agreement）acknowledge the terms and conditions set forth herein（= in this agreement）."

などと置き換えて読めば，その意味は分かりやすくなります。

• premises

　一般には家屋敷や構内という意味の単語ですが，英文契約書では「前記の事項」といった意味で用いられています。

• respectively

　対応関係を示す場合に用いられるのが "respectively" です。

　たとえば，"Purchaser and Seller will follow the procedures of Article 1.1 and 2.2, respectively." といった場合，買主は 1.1 条所定の手続に，また，売主は 2.2 条に従うこととなります。

• said

　"above" や "aforesaid" と同様に「前記の」「前述の」という意味です。

• subject to

　条件を示す場合に用いられ，「〜を条件して」「〜次第で」といった意味となります。同様に条件を示す表現としては，"provided that" があります。

• therein, thereof, thereto

　"here-" が "this (agreement)" に置き換えるのに対して，"there-" は "that (writing)" に置き換えることができます。すなわち，「本契約書以外の文書」の意味です。

(4)　例示する場合

　英文契約書において例示する場合にも，法律英語特有の表現を用いることがあります。

• including but not limited to, including without limitation

　これらは，「〜を含むが，それらには限られない」という場合に使用します。

"The cook will be directly responsible for preparing all meals and other related duties including but not limited to, shopping for food and washing the dishes."

"The cook will be directly responsible for preparing all meals and other related duties including without limitation, shopping for food and washing the dishes."

前記の英文では，コックの業務として，食物の買入れ（shopping for food）や皿洗い（washing the dishes）が具体的に列挙されていますが，これらは食事を用意する仕事に関連するもの（preparing all meals and other related duties）の例示であって，それらに限るものではないという意味になります。なお，英文契約では，"others" や "etc." は使用しないのが通例です。

　"including but not limited to" や "including without limitation" を用いた例示は，委託者の側からすれば，業務範囲が広がるため，一般的に有利な契約内容となります。しかし，それも立場によって両刃の剣です。受託者のコックの側に立つと，仮に報酬が同一であるならば，業務範囲は限定されたほうが得です。その場合には，"limited to"，"only in the case"〔～に限る〕と表現すべきでしょう。

　また，例示の用法として，次のように "such as" が使われる場合もあります。"The cook will be directly responsible for preparing all meals and other related duties, such as shopping for food and washing the dishes."

　このように "such as" を用いると，例示されたもの以外（たとえば，"sweeping the kitchen floor"）は含まれない可能性があるため，注意が必要です。

(5)　古語・ラテン語の多用

　英文契約書には，古語やラテン語が多く使用されています。

　たとえば，前文（recital）に用いられる "whereas" などは，現在は使われない古い英単語ですが，契約に至った理由や経緯・背景事情を述べるときに使います[6]。

　また，契約書に頻出するラテン語には，次のようなものがあります。

• bona fide（善意の，真実の）

• in re（～に関する）

• prima facie（一応の）

6）なお，前文は，契約締結の経緯や背景事情を説明する趣旨のものであり，原則として法的拘束力はないと一般に考えられているが，特に大部な契約書を読解する場合には，契約の全体像を把握するのには便宜である。

• pro rata（按分に，比例して）

(6)　類義語の重複

　英文契約書では，同義語・類義語を重複して使用する例が少なくありません。以下は，その例です。

• authorize and direct（授権する）

• covenant and agree（合意する）

• each and all（すべての）

• final and conclusive（最終の）

• from and after（〜以降）

• made and entered into（作成・調印した）

• null and void（無効の）

　英文契約書を読解・審査（review）するに際しては，こうした重複使用に慣れるしかありませんが，一方で，自らが契約文を起案（draft）する場合には，なるべく重複使用を避けた分かりやすい英語（plain English）を心がけるべきでしょう。

③　主要条項と一般条項

　英文契約書には，当該ビジネスに関する特定の合意である「主要条項（または実質規定。Principal Provisions）」と，どのような種類の契約書であるかにかかわらず，共通してよく見られる「一般条項（General Provisions, Boiler Plate Clauses）」とがあります。主要条項が利益の最大化を目的とするものであるのに対して，一般条項はリスクの最小化を図る規定です。

　一般条項の例としては，前記①(2) の完全合意条項のほか，契約期間（Term），解除（Termination），準拠法（Governing Law，第 3 講④），裁判管轄（Jurisdiction，第 3 講③(2) ④），仲裁（Arbitration），秘密保持（Confidentiality，第 3 講②(2)），不可抗力（Force Majeure，第 3 講④），賠償（Indemnification），支払・税金（Payment, Tax and Charges），通知（Notice），譲渡（Assignment），変更

（Modification, Variation, Amendment），存続（Survival），放棄（Waiver），分離（Severability）等があります[7]。

> **発展課題**
>
> ☑ Entire Agreement Clause と Parol Evidence Rule の関係を整理した上で，その実務に対する影響を検討してみよう。

---

7) 各条項の詳細な解説は，杉浦＝菅原＝松嶋編著・前掲注 1）54 頁以下。

　予防法務演習

【Case】
　当社 ABC は，豪州工場における一部業務を現地 XYZ 社に委託したい。その契約交渉において，相手方 XYZ から，次のような責任と保険の条項の提案を受けた。ABC の法務担当者としては，どのような点に留意して契約条項の審査をすべきであろうか。

Article 1.　LIABILITY
　XYZ shall indemnify and hold ABC harmless from and against any and all liabilities and damages arising out of the performance of this Agreement, which is caused by XYZ's negligence.

Article 2.　INSURANCE
　XYZ shall purchase and maintain, at its own cost and expense, comprehensive liability insurance and property insurance covering its liability arising under Article 1 of this Agreement.

本講のポイント

▶ 国際取引契約の立案や審査に際して，第一義的には，当方に圧倒的有利な，あるいは漏れのない契約書を作成することである。

▶ しかし，企業法務の現場では，契約の形式的な審査にとどまらない，事業活動の全体に及ぼす影響や経済性の見地からの選択決定こそが求められている。

解　説

① 契約条項の読解

(1)　責任と保険

　日本国内では，契約そのものが当事者間の「信頼の証し」であるのに対して，

国際取引契約書が「不信感の象徴」であるのが一般的だということを，疑義解決条項と Entire Agreement Clause を例に挙げて説明しました（**第 4 講**①(2)(3)）。この点は，Case の責任条項と保険条項についても同様です。

　たとえば，国内契約においても「甲または乙は，本契約に違反して相手方に損害を与えた場合には，相手方に対し，その損害を賠償しなければならない」といった損害賠償責任に関する条項は通常みることができますが，国内契約の場合にはそこまでのことが多いでしょう。しかし，国際取引契約では，その後に保険条項が続くことが通例です。

　要するに，いくら契約で賠償責任を定めたところで，それだけで相手方を信用できるわけではないため，その責任を担保するに十分な保険の手配を約束させるわけです。

(2)　責任条項の読下し

　ここで，Case の Article 1. LIABILITY を和訳してみましょう。

　まず，"XYZ shall" ですが，"shall" は，契約上の義務〔……しなければならない〕を表す助動詞ですから，「XYZ 社は……しなければならない」という意味になります。では，何をしなければならないかといえば，"indemnify and hold ABC harmless" とあります。これは，英文契約書上の独特な言い回しですが，「（契約相手方である ABC 社を）免責し，かつ防御」しなければならない，といった意味です。

　英文契約書では，同義語・類義語を重複して使用することが少なくありませんが，"from and against（に対して）" も "any and all（すべての）" も，その例です。また，"arising out of the performance of this Agreement" ですが，"arising out of" は「から生じる」，"performance" が契約の「履行」の意味ですから，"from and against any and all liabilities and damages arising out of the performance of this Agreement" とは，「本契約の履行から生じるすべての損害に対して」という意味になります。

　ただし，この責任条項には，「XYZ 社の過失に基づく場合（which is caused by XYZ's negligence）」という条件が付されています。厳密にいえば，英米法

上の "negligence" は，日本法の「過失」と異なる概念ですが，英文契約書を読み下すに際しては，過失と和訳しても実務的に支障はないと思います。

　以上を総じて和訳すれば，概ね「XYZ は，ABC に対し，自らの過失に基づく本契約履行上の損害について，賠償の責に任ずる。」という意味です。

(3)　責任制限条項の検討

　責任に関する条項では，損害額が大きくなることが想定されたり，米国等の懲罰的損害賠償（punitive damages）制度[1] が適用される可能性がある場合，こうした法的リスクを回避するための責任制限を規定することがあります。Case では，当方（ABC 社）の責任が規定されていませんが，仮に当方に対する法的責任が求められている場合には，担当者として，その責任の制限を検討しなければなりません。

　そして，「損害賠償の制限」については，概ね二つの方向性があります。その一つは，損害の内容による制限，もう一つは，賠償額という数量による制限です。前者の条項例としては，

In no event either party shall be liable for any special, incidental, indirect or consequential damages arising out of a breach of this Agreement, including but not limited to damages for profit loss.
（いずれの当事者も，本契約の違反から発生した，特別損害，偶発損害，間接損害または結果損害については，いかなる場合にも責任を負わないものとする。ここには，逸失利益を含み，これらに限られない。）

また，後者の例として，

In no event ABC's liability to XYZ shall exceed the total amount paid to ABC by XYZ for the services hereunder.
（ABC の XYZ に対する責任は，いかなる場合も，ABC が XYZ から支払を受け

---

1)　懲罰的損害賠償とは，加害者の不法行為（tort）が特に重大な悪意を伴ったり，または故意を伴う場合に，裁判所が加害者に支払を命じる損害賠償のことである。その場合，訴訟における損害賠償が，被害者の実損害を補塡する（compensatory damages）ためだけでなく，非難・制裁・再発防止などの意味合いも加味した多額の賠償額になる。

といった条項があります。

　逆に相手方が自らの責任制限を主張してきた場合，当方としては，それが合理的で相当な制限であるかどうかを吟味する必要があるわけです。

② 契約審査の実務

(1) 責任の空白部分の補充

　Case の Article 1 は，相手方に過失があれば，当方に対して責任を負うという内容ですから，一見すれば，問題のない条項のようにも思えます。もちろん契約の種類や内容，当事者間の力関係にもよりますが，このように一方当事者のみが他方に責任を負うという場合はむしろ少なく，相手方も当方に対して応分の責任を求める例が多いでしょう。したがって，当方側の責任を定める条項を具体的に確認しておく必要があります。

　たとえば，当事者双方ともに同様の責任を負う内容にするのであれば，
"Each Party shall indemnify and hold the other Party harmless from and against any and all liabilities and damages arising out of the performance of this Agreement, which is caused by the Party's negligence."
と修正することが考えられます。

　こうした双方応分の条項を定めたとしても，双方ともに過失が認められない場面は，いわば空白部分となっています。この空白を不可抗力条項（Force Majeure Clause）で規律するのも一つの方法でしょう（第3講④参照）。

Neither party shall be liable to the other party for any delay or failure in the performance of its obligations under this Agreement in the event that such delay or failure arising out of any cause beyond the reasonable control of the party affected (hereinafter called the "Force Majeure"). The Force Majeure means act or failure arising out of any cause beyond the reasonable control of the party affected (hereinafter called the "Force Majeure"). The Force Majeure means act of God, acts or orders of governmental authorities, fire, flood, typhoon, tidal wave, or earthquake, war, rebellion, riots, strike, lockout, labor dispute or

pandicemic.
(本契約上の義務の履行の遅滞または不履行が，当該当事者の合理的な制御を超える事由（以下，「不可抗力」という。）により引き起こされた場合，当該当事者は，当該遅滞または不履行について相手方に対し責任を負わない。不可効力には，天災，政府機関の行為もしくは命令，火災，洪水，台風，高潮，地震，戦争，反乱，革命，暴動，ストライキ，ロックアウト，労働争議，世界的流行病を意味する。)

　不可抗力条項を審査するに際しては，国内契約との比較においても，どのような免責事由が列挙されているかに注意することが重要です。たとえば，当方の労使関係が良好であるのに対して，相手方の労務政策には問題が多く，現実に労働争議が多発しているような事情が認められるのであれば，「ストライキ，ロックアウトまたは労働争議は，不可抗力事由としない（Strike, lockout or labor dispute shall not be considered as Force Majeure events.)」旨を求めるべきでしょう。

(2)　条項修正の例

　Case では，不可抗力条項の吟味に代えて，できるだけ相手方の責任の範囲を広げ，その空白部分を埋めていくということも考えられます。

　たとえば，当方に過失ないし重過失がある場合を除いて，すべて相手方に責任を負わせるという修正です。その場合，次のような例が考えられます。

"XYZ shall indemnify and hold ABC harmless from and against any and all liabilities and damages arising out of the performance of this Agreement, which is not caused by ABC's negligence."
(XYZ は，ABC に対し，ABC の過失に基づかない本契約履行上の損害について，賠償の責に任ずる。)

または，

"XYZ shall indemnify and hold ABC harmless from and against any and all liabilities and damages arising out of the performance of this Agreement, other than as may arise out of the acts of ABC's gross negligence.
(XYZ は，ABC に対し，ABC の重大な過失に基づかない本契約履行上の損害に

ついて，賠償の責に任ずる。）

といった修正提案です。

　実務では，こうした当方の契約審査と相手方との交渉を繰り返して（battle of forms[2]），いわば漏れのない契約内容を組成していくことになります。

(3)　保険条項について

　CaseのArticle 2は，「XYZは，自ら費用と負担において，1条（責任条項）に定めた責任を填補できる包括賠償責任保険および動産総合責任保険を付保しなければならない。」という内容ですから，これも一見すれば，問題のない条項のように思えます。

　しかし，相手方が契約どおりに付保するかどうかは分かりません。それを確認するためには，付保証明書（insurance certificate）の提出を求める必要があります。また，付保された損害保険の被保険利益を確実に獲得するためには，当方や関連会社を補償の対象となる追加被保険者（additional insured）にしてもらう（endorse）ことも検討すべきです。なお，引受保険会社の支払った保険金が当社に求償されては，本条項の意味がありませんから，求償権の放棄（subrogation waiver）にも注意しなければなりません。さらには，多くの場合，被保険者相互間の賠償責任が保険会社の免責となっていますから，交差責任条項（cross liability clause）の検討も必要です。したがって，実務的には，これらの条項を加筆・修正していくこととなります。

　以上のとおり，企業法務の担当者としては，契約審査の際はもちろんのこと，日常業務においても，損害保険の基礎知識が必須の事項だと思います。

③　ビジネス法務の担い手として

　前記②(1)(2)のように，国際取引契約の立案や審査に際して，当方に圧倒的有利な，あるいは漏れのない契約書を作成することは，実はそれほど難しい

2）当事者双方が自社に少しでも有利な契約書を送り合うという「書面合戦」の意味。

作業ではありません。一見きれいな契約書を起案するだけならば，巷に出回っている英文契約のハウ・ツー本の類いでも足ります。また，仮にそれが専門的な分野の大部な契約書であっても，登録1〜2年目の新人弁護士に外注したとして，類型的に有利な契約条項の作成には十分対応できると思います。しかし，こうした契約審査は，たんなる「作業」であって，「仕事」とはいえません。

　国際契約の交渉実務は，ある種の"power game"であって，両当事者の地位が対等であることなど，むしろ稀でしょう。現実には，双方の力関係の優劣を前提としながら，ぎりぎりの契約交渉が繰り広げられるのです。

　また，真の意味でビジネスに有利な契約は，外部の弁護士に頼れない部分が相当にあることも事実であり，形式的な法的安全だけで語り尽せるものではありません。

　たとえば，商品引渡時の危険負担や契約履行時の損害賠償について，責任の大半を相手方に寄せて，自社の法的地位を安泰に保つことも大切ではありますが，過去の経験から算出される事故率（loss ratio）や付保コスト（insurance premium）にかんがみ，自社が責任の一部を負担してでも，契約単価を引き下げるような「実を取る」ほうが得策というビジネス上の判断もあり得ます。これを「仕事」というのです。このような契約の法的判断にとどまらない，事業活動の全体に及ぼす影響や経済性の見地からの選択決定こそが，企業実務の現場では求められています。

　その事業活動で達成すべき目的と商流リスクを知る企業の法務部門こそが，ビジネスに有利な契約締結の担い手であることを認識する必要があります。その意味で，企業法務に携わる者は，一流の法務専門家であると同時に，一流のビジネス・パーソンでなければなりません（**第20講**1）。

株式会社のガバナンス

【Case】

　X株式会社は，飲食業を営む株式会社であるが，新たにカジュアル洋服販売店の直営チェーンを展開した。しかし，既存のカジュアル企業と比較してファッション性が乏しく，競合他社の低価格攻勢も相俟って，急激な業績不振に陥ったため，数年後にはカジュアル事業から撤退し，多額の負債を抱える結果となった。新規事業を主導した代表取締役Yは，その経営判断を誤ったことにより，X社の被った損害を賠償しなければならないか。

本講のポイント

▶ 業務執行の意思決定を取締役会の権限としているのは，経営に関する英知を結集し，経営の慎重性を確保するためである。

▶ 取締役と会社との関係は委任に関する規定に従い，取締役は，その職務執行につき，会社に対して善管注意義務を負う。善管注意義務違反は，債務不履行となるから，会社に対して損害賠償責任を負う。

▶ 取締役の会社に対する損害賠償責任が発生するためには，①任務懈怠，②損害発生，③因果関係，④帰責事由，の4要件に該当する事実が必要である。

▶ 経営者としての法的義務・責任を果たすためには，何よりも情報に基づく経営判断を励行することである。

解　説

1　取締役と取締役会

(1)　取締役・代表取締役

　株主が株主総会を組織し，その総会を通じて取締役を選び，彼らに会社の経営を任せます。取締役会設置会社において，取締役の員数は3人以上必要です（会社法331条5項）。ただし，個々の取締役それ自体が会社の機関となるわけではありません。取締役全員で取締役会を構成し（会社法362条1項），取締役

会が会社の業務執行の決定をするのです（同2項1号・4項）。つまり，取締役会は会社の機関ですが，取締役はその構成員に過ぎません。取締役会設置会社において，業務執行の決定を取締役会の権限としているのは，経営に関する英知を結集し，経営の慎重性を確保するためです。

　取締役会の決議により，取締役の中から，対外的な代表権限を有する代表取締役を選定します（会社法349条4項・362条3項・363条1項1号）。また，取締役会の決議によって，代表取締役以外にも，業務を執行する取締役を選定することができます。これを業務執行取締役といいます（会社法363条1項2号参照）。

　これに対して，取締役会を設置しない会社を選択した場合には，取締役の員数は1人で足ります（会社法326条1項）。そして，取締役は，定款に別段の定めがある場合を除いて，会社の業務を執行し，対外的に会社を代表する会社の機関となります（会社法348条1項・349条1項）。要するに，各取締役が会社の業務執行権限・代表権限を有するのです。

　なお，指名委員会等設置会社（会社法2条12号）の取締役は，原則として業務執行権限を有しません（同415条）。執行役が指名委員会等設置会社の業務執行を担い（会社法418条），この執行役の中から，取締役会決議により，代表機関である代表執行役を選任します（同420条1項）。

(2)　取締役会

　取締役会は，取締役全員で構成し（会社法362条1項），その会議により業務執行を決定するとともに取締役の職務執行を監督する機関です（同2項・4項）。取締役会設置会社の取締役会では，①業務執行の決定，②取締役の職務執行の監督，③代表取締役の選定・解職を行います（会社法362条2項）。最低でも3ヵ月に1回は取締役会を開催しなければなりません（会社法363条2項参照）。

　特に実務的に重要なのは，取締役会が，重要な財産の処分・譲受けや多額の借財など，経営の重要事項に関する意思決定をする権限がある点です（会社法362条4項）。また，大会社では，取締役会で内部統制システム構築（業務の適正を確保するための体制）に関する基本方針を決定することが強制されます（同

4項6号・5項)。

これに対して，公開会社・監査役会設置会社・監査等委員会設置会社・指名委員会等設置会社以外の会社では，取締役会を設置する必要がありません（会社法326条2項・327条1項各号参照）。取締役会を設置しない会社では，取締役会の権限とされてきた事項について，取締役の権限と，株主総会の権限とに割り振られることになります。たとえば，①会社の業務執行の決定（会社法348条2項・3項）や株主総会の招集（同296条3項）は，取締役（複数の場合には，その過半数）が行います。一方，②競業取引・利益相反取引の承認（会社法356条1項），自己株式の子会社からの買受け（同163条），株式分割（同183条2項）は，株主総会において決定します。

また，取締役会を設置しない会社では，株主総会において，強行法規や公序良俗に反しない限り，どのような事項も決議できますし（会社法295条1項），株主総会の招集手続に関する規制も相当緩和されています（同299条2項2号・4項等）。

2 任務懈怠責任と経営判断原則

(1) 取締役と会社の関係

会社の業務執行の担い手は（指名委員会等設置会社以外ならば）取締役です[1]。なぜならば，取締役は，業務執行機関として（会社法348条），あるいは取締役会の構成員として（同362条），会社の業務執行に携わるからです。

取締役と会社とは，任用契約を締結しており[2]，両者は委任関係にあります。このことから，取締役と会社との関係は委任に関する規定に従います（会社法330条）[3]。取締役が会社の業務執行を受任した場合，会社経営に関する対内的

---

[1] 指名委員会等設置会社では，執行役が取締役会から委任された業務執行を担う（会社法418条）。

[2] ただし，任用契約締結の存在を否定し，株主総会による取締役選任決議は，被選任者の承諾を停止条件とする会社の単独行為であると解釈する有力説もある。

[3] ちなみに，委任と代理とは，本来別のものである。委任は必ずしも代理を伴うものではないし，また，代理も必ず委任を伴うわけではない。ただし，実際上，委任業務を執行するための手段として，受任者に代理権を授与する場合が多い。

な業務執行権限を付与されるのと同時に（会社法348条1項・362条2項1号2号・363条1項），対外的な代表権が授与されることもあります（同349条1項4項・362条3項）。

委任に関する規定に従う以上，取締役は，その職務執行につき，会社に対して善良な管理者の注意義務を負います（善管注意義務。民法644条）。善管注意義務とは，その会社の取締役として一般的に要求される注意義務のことです。

善管注意義務に違反すれば，取締役としては任用契約により生じた債務を履行しなかったこと（債務不履行。より正確には，行為債務の不完全履行）になりますから，会社に損害が発生した場合には，会社に対して損害賠償責任を負うことになります（会社法423条1項）。

また，取締役は，会社のため忠実にその職務を行う義務も負担しています（忠実義務。会社法355条）。忠実義務は善管注意義務の内容を会社法的に実現したものであり，両義務の性質は同じものと解釈されています（最判昭45年6月24日民集24巻6号625頁。同質説）[4]。

(2)　任務懈怠責任の要件事実

取締役の会社に対する損害賠償責任が発生するためには，
① 任務懈怠（その任務を怠った），
② 損害の発生およびその額，
③ 任務懈怠と損害発生の間の因果関係，
④ 取締役側の帰責事由（故意または過失），
という四つの要件に該当する具体的な事実（要件事実[5]）が存在しなければな

---

[4] 忠実義務は，委任関係とは別個の英米法上の信認関係から生じたものであり，取締役がその地位を利用して会社の利益の犠牲のもとに自己の個人的利益を図ってはならない義務と解する見解もある（異質説）。しかし，わが国の法制上，委任関係以外の構成を採用できるのかが相当に疑問であるし，また，忠実義務と善管注意義務の適用場面を明確に峻別することは困難である。ただし，忠実義務違反の適用場面とみられる「自己のためにした」利益相反取引の場合には，取締役等の無過失責任を規定している（会社法428条）。

[5] 民事訴訟において，当事者は，裁判所に権利の発生・変更・消滅を判断してもらうため，法律要件に該当する具体的事実を主張・立証しなければならない。要件事実とは，このような具体的事実のことである。

りません（会社法 423 条）[6]。

　任務懈怠には，具体的法令違反とそれ以外という二つの類型があります。

　取締役の行為に具体的法令違反（たとえば，贈賄（刑法 198 条），カルテル（独禁法 3 条・89 条 1 項 1 号），有価証券報告書虚偽記載（金商法 197 条）等）が認められる場合には，原告として，当該法令に違反した事実を主張立証すれば足ります[7]。法令遵守は，経営者にとっての最低限の規範的要求だからです（会社法 355 条参照）。ちなみに，大会社では，内部統制システム（業務の適正を確保するための体制）構築に関する基本方針を決定するように義務づけられていますから（会社法 348 条 4 項・362 条 5 項），その決定を怠れば，当該会社の取締役は，具体的法令違反に問われることになるでしょう。

　他方，仮に具体的法令違反が認められなくても，「その任務を怠った」と評価できる場合はあります。それが善管注意義務違反の事例です。この場合，「善管注意義務を尽くして職務を執行しなかったこと」が任務懈怠行為と評価されるのです。善管注意義務の内容は，会社の規模・業種・業態・経営環境などの客観的な条件によって左右されますから，損害賠償を請求する側としては，取締役がいかなる注意を尽くすべきであったかについて，任用契約ないし委任契約の内容などにより，これを確定しなければなりません。

(3)　Case の検討

　冒頭の Case では，新規事業の展開により，多額の負債を抱える結果が生じていますので，新規事業を原因とする損害の発生（②損害と③因果関係の要件事実）は容易に立証できる事例だと思われます。しかし，X には，具体的法令違反が認められません。そこで，X の経営の判断や執行について，過失による善管義務違反が認定できるかどうかが問題となります（①任務懈怠と④帰責事由の要件事実）[8]。

6）菅原「任務懈怠責任の法的性質と構造 ―要件事実的考察を踏まえて―」山本爲三郎編『新会社法の基本問題』（慶應義塾大学出版会，2006）177 頁。

7）最判解平成 12 年度（下）603 頁〔豊澤佳弘〕。

8）任務懈怠と帰責事由の関係については，菅原『新しい会社法の知識〔全訂版〕』（商事法務，2006）341 頁。

　この点，「本件のような事例で経営者個人の責任を認めるのには躊躇を覚える」との感想を抱くのが多数ではないでしょうか。Case を時系列的・動的に検討すれば，このような感想も確かに頷けるところがあります。なぜなら，Xの経営姿勢に批判的な立場としては，多額の負債という結果を踏まえた（損害の発生を見届けた）上で，責任追及するのが常だからです。

　会社の経営には常にリスクがつきものです。取締役が経営判断を行うにあたり，将来の経済情勢を完全に予測することは無理なので，結果的にその判断が誤っているという場合も少なくありません。多額の費用を投じて事業を拡大しても，景気動向等の不確定な要因がありますから，必ず成功して利益をあげるとは限らないし，思惑がはずれて，会社に損害を与えることもあるでしょう。そういった場合に，当然に善管注意義務の違反があったとして，取締役の責任が発生するというのでは，あたかも結果責任を問うとの同様であって，酷な結果にもなりかねません。

(4)　経営判断の原則

　そもそも取締役は，会社から経営を委任されているわけですから，業務執行について相当に広い裁量の幅が認められています。したがって，この裁量の範囲内においては，取締役の経営判断は尊重されるべきです。

　米国の判例法では，「取締役が誠実に，かつ権限と裁量の範囲内で経営判断を下したのであれば，彼はその判断について責任を負わない」とされています。これを「経営判断の原則（Business Judgment Rule）」といいます。日本の裁判例でも，この原則と類似の考え方で，取締役の責任の有無を判断したものが少なくありません（最判平22年7月15日判時2091号90頁等）。そして，経営に関する意思決定の場面では，取締役の善管注意義務を履行したか否かの裁判上の判断基準として，この経営判断の原則の考え方が定着しています。ただし，経営判断の原則は，業種・業態，企業規模の大小により，その経営判断の合理性が認められる経営裁量権の範囲も大きく異なりますから，画一的に律せられるものではない点に注意が必要です。

　経営判断の原則が適用されれば，たとえ善管注意義務違反を基礎づけるよう

な事実関係があったとしても，損害賠償請求権の成立が否定されます。要するに，経営判断の原則と善管注意違反は，いわば表裏の関係とあるわけです。

(5) 経営判断原則に関する司法判断

　実務的に重要なのは，裁判所がどのように経営判断原則の適用の可否を判断しているかです。数多くの裁判例を分析したところ，①必要な情報に基づいて経営判断がなされていたか（情報の篩），②その判断が合理的なものであったのか（合理性の篩）という，2段階で判断されていることが窺えます[9]。

　まずは，経営判断に際して，必要な情報を収集していたのか否かです。そもそも情報に基づかない判断では，「任務を怠った」という評価が下されてしまいます。次に，その情報に基づく判断に合理性が認められるかです。この点，合理的かどうかについては，実業経験に基づく高度に経済的な判断という面がありますから，司法判断の場では，その判断に合理性があったか否かというよりも，それが不合理なものでなかったかどうかが問われているように思います。したがって，経営者としての法的義務・責任を果たすためには，何よりも情報に基づく経営判断を励行することが求められるのです。

③ 監査役と監査役会

　ここで，監査役と監査役会についても，簡単に解説しておきましょう。

　監査役とは，取締役会の職務執行を監査する権限をもつ機関であり（会社法381条），原則として業務監査権限と会計監査権限を有しています。そもそも会社経営の執行部は，合理的な企業経営の実現を志向します。しかし，ときにはそれが行き過ぎとなるなど，経営陣が誤った判断をする危険は内在しています。このような事態を防止し，適正な経営を実現するために，監査役を設置し，株式会社組織の内部から業務執行を監督・監査させようとしたのです[10]。

---

9)　東京弁護士会会社法部「経営判断の原則（BJR）―数多くの分析手法とその些やかな実践 I・
　　II（改5）」法律実務研究 13号 251頁〔山森一郎〕。
10)　監査役を設置しない株式会社も認められ（会社法326条2項参照），取締役会を設置しない会

　したがって，監査役は，経営の適法性・健全性（コンプライアンス）確保の担い手です。ただし，通説によれば，監査役の監査権限は適法性監査（正・不正の問題）に限られ，妥当性（当・不当の問題）の監査には及ばないと解釈されています。

　監査役は，取締役会に出席しなければならず，「必要があると認めるときは」意見を陳述する義務があります（会社法383条1項）。通説に従えば，取締役会での議論が適法性・違法性に関わるときには，監査役が意見を陳述しなければなりませんが，たとえば，商売の上手い・下手のような妥当性に関しては，発言することが禁止されるわけではないものの，意見陳述義務までは認められないということになります。

　取締役と監査役とは，監査される側と監査する側ですから，馴れ合いを許さない対抗関係にありますが，その前提として，双方の信頼関係も必要です。実務的には，この対抗と信頼の調和をどのように図るかが重要だと思います。

　なお，監査役会を置く場合（監査役会設置会社。会社法2条10号）には，監査役の員数は3人以上で，そのうち半数以上は社外監査役でなければならず（同335条3項・2条16号），1人以上の常勤監査役の選定を要します（同390条3項）。

発展課題
- ☑ 個別具体的な経営判断に際して，法的に求められる情報の質と量を検討してみよう。
- ☑ コーポレート・ガバナンスの観点から，指名委員会等設置会社の監査委員，監査等委員会設置会社の監査等委員と，監査役との異同を整理してみよう。

社で，会計監査人を置かなければ，監査役の設置は不要である（同327条2項・3項）。

戦略法務演習

【Case】

　公開大会社であり，上場会社である甲株式会社の傘下には，100% 子会社の乙株式会社（非公開・非大会社）がある。乙社は，旧商法当時設立した株式会社であることから，取締役会設置，監査役設置会社である。

　今回，甲社は，乙社を含めたグループ全体の各社の機関設計をみなおすこととした。乙社において，取締役会を存続しておくことと廃止することでどのような差があるか。甲社の立場に立ったとき，それぞれの長所，短所を検討しなさい。

本講のポイント

▶ 乙社の取締役会を廃止すれば，甲社の意向が子会社の経営に直接反映させやすく，いわば中央集権的なグループ経営を実現できる。

▶ 乙社の取締役会を存続しておけば，企業グループ全体としてのシナジー効果が期待できる。

▶ 経営意思決定の選択に際しては，企業内部と業界事情に精通した法務部門の積極的な参画が期待される。

▶ 業界の立場から対外的に法律的な意見を発表することなども，企業の法務部門の重大な使命である。

▶ 本当の意味での戦略法務を担うことができるのは，企業内部に精通した法務部門である。

解　説

1　株式会社の機関構成

(1)　機関設計の類型

　まずは，本講末尾の図表「会社法における機関構成の概略」を確認してください。

　上方の図表では，縦軸に I から IX までの数字が振ってあり，横軸に会社の機関名が書いてあります。この I から IX が，機関構成の選択肢です。その一番左側では，「株主総会・取締役」が I から IX を突き抜ける形で図示されています。これは，株式会社である以上，株主総会と 1 名以上の取締役は必ず設置しなければいけないという意味です。次に「取締役会」という欄をみると，I・II・III の取締役会を設置しないという選択肢があり，取締役会を設置しない場合には，監査役も会計監査人も設置は任意だということになります。

　取締役会を設置した場合が図表 IV から IX ですが，監査機関として 1 名以上の監査役を置くという選択肢もあれば（V・VI），3 名以上の監査役によって監査役会を構成するという選択肢（VII・VIII）も認められています。監査役または監査役会を設置した場合には，それぞれに会計監査人の設置は任意です。また，IX は，委員会型（指名委員会等設置会社・監査等委員会設置会社）を表しています。

(2)　会社類型と選択肢

　会社法では，二つの基準を使って株式会社を四つにグループ分けしています。それが下の図表です。

　一つ目の基準は，会社の規模の基準です。資本金 5 億円以上または負債 200 億円以上の株式会社が「大会社」です（会社法 2 条 6 号）。

　二つ目の基準が株式の流動性となります。株式の流動性の低い会社というのは，裏を返せば，株主の面子（メンツ）が余り変わらない会社ということですが，発行する全部の株式に譲渡制限がついている会社のことです（非公開会社）。条文では「公開会社でない株式会社」と表現しています（会社法 109 条 2 項等）。これに対して，発行する株式の一部でも譲渡制限をしていなければ，「公開会社」と定義します（会社法 2 条 5 号）。上場会社は当然に公開会社ですが，それ以外であっても，自由に譲渡できる株式が一部でも発行されていれば，この公開会社の概念に含まれることになります。

　大会社でかつ公開会社という右下の欄をみれば，そこに VIII・IX とありますが，これは上の図表でいう VIII と IX の会社構成から選択できるという意味です。すなわち，公開・大会社においては，監査役会を設けて会計監査人を置くのか，委

員会型を採用するのかという選択肢しかありません。これに対して，左上の欄の大会社以外でかつ非公開会社ならば，ⅠからⅨまでのすべてを選択できます。ちなみに，大会社でもなく，発行する株式のすべてに譲渡制限がついているという企業が，日本の株式会社の典型であり，主流であり，最大多数派です。

(3) Case の要点

甲株式会社は，公開会社で大会社であるのに対して，完全子会社の乙株式会社は，非公開会社で大会社ではない会社です。乙社は，平成 17 年改正前の旧商法当時に設立している会社ですので，取締役会も設置したままですし，1 名以上の監査役もいます。そこで，甲社としては，乙社を含めたグループ全体の各社の機関設計をみなおすことにしたわけです。

会社法上，大会社以外の非公開会社は，さまざまな機関構成をとることができます（会社法 326 条〜 328 条）。非公開会社であるならば，取締役会を設ける必要は必ずしもありませんし，また監査役を置かなくても構いません。要するに，乙社には，取締役会を存続すべきか否か，また，監査役も存続すべきか否かという，選択肢があるわけです。

② 取締役会設置会社と取締役会を設置しない会社の検討

(1) 取締役会非設置と総会万能主義

前記① (2) のとおり，会社法上，大会社以外の非公開会社は，さまざまな機関構成をとることができます（会社法 326 条〜 328 条）。たとえば，非公開会社では，取締役会を設置する必要がありません（会社法 327 条 1 項 1 号）。そこで，定款変更により，取締役会を廃止すると，どういうことになるでしょうか。

取締役会を設けなければ，3 人以上の取締役は必要がありませんから（会社法 331 条 4 項），取締役は 1 人いれば足ります。名前だけ借りるような名目的取締役を設置する必要もないこととなります。取締役会という会議体を開催するコストがかからないというばかりではなく，人数合わせのためだけに，あまり機能しない取締役を選任しなくても済むわけです。

　また，取締役会設置会社は，株主総会の決議事項は，法令に規定する事項または定款に定めた事項に限定されます（会社法295条2項）。したがって，重要な財産の処分・譲受けや多額の借財などという項目は，みな取締役会の専権事項となり（会社法362条4項），株主総会で決議することもできなければ，代表取締役の一存で決めることもできません。ところが，取締役会を設置しない会社には，この経営の重要事項を専権的に決議できる取締役会が存在しませんので，それらは株主総会で決めるということになります。要するに，取締役会を設置しない会社においては，組織・運営・管理その他会社に関する一切の事項につき，株主総会で決議します（会社法295条1項）。その意味で，取締役会を設置しない会社では，株主総会が最高かつ万能の決議機関となるわけです（総会万能主義の復活）。

　ところで，株主総会が万能機関になると，頻繁に株主総会を開く必要がでてきます。商いというものは，重要な財産の売買や多額の借金の決定も含めて，商機を逃しては成り立たないため，これらを年に1回の定時株主総会で決めるというわけにはいきません。そこで，取締役会を設置しない会社では，株主総会に関する決議事項，招集手続等の規制も相当緩和されています（会社法299条1項・2項2号・4項，301条・437条・438条等）。

(2)　中央集権型かシナジー追求型か

　大会社・公開会社である甲社には，機関設計の選択肢が多くありません。監査役会を設けて会計監査人を置くか，委員会型を採用するかの二つです。

　しかし，その完全子会社である乙社は，大会社以外の非公開会社ですから，取締役会を設置しない会社を選択することも可能となります（会社法327条1項1号）。

　仮に定款変更によって，乙社の取締役会を廃止すれば，100%親会社の甲社が，乙社にとって唯一の株主です。そして，乙社に総会万能主義が復活することにより，乙社の組織・運営・管理その他一切については，100%株主である甲社の一存でいかようにも決めることができるようになります。要するに，取締役会設置会社と比べて，株主である親会社の意向が子会社の経営に直接反映

させやすく，いわば中央集権的なグループ経営を実現することができるのです。

　逆に，乙社を含めたグループ各社に取締役会を存続しておけば，各々の取締役会で経営の重要事項を決めることになります（会社法362条4項）。そこで，甲社グループ傘下の各社としては，それぞれに知恵と汗を出して，業界の競争会社やグループ内の他社と切磋琢磨するようになり，企業グループ全体としてのシナジー（相乗）効果を発揮する可能性も高まるでしょう。

(3)　戦略法務の在り方

　このように，従前どおり関連各社の取締役会を存置し，各社の責任経営を基軸としたグループ全体のシナジー効果を目指すのか，あるいは，中央集権的な経営方針に転換するのかは，戦略的な経営課題として，最終的に経営者が判断することです。そして，こうした戦略的な事柄は，なかなか企業外の弁護士には手が届かない分野でもあります。

　確かに多くの日本企業の経営者は，スペシャリストによる第三者的な専門意見に対し，貴重な助言としてならば素直に耳を傾けるでしょう。しかし，さらに進んで，直接的に経営意思の決定に参画させるかといえば，それは大いに疑問です。一般的に経営トップは，それほど身内以外の他人を信用していませんし，ましてや意思決定に参画させるような場面も決して多くはありません。

　そこで，企業法務の担当者は，「会社法を活用すれば，こういう二つの方法が検討できます。この会社あるいはこの業界にとって，経営上こちらが得策だと考えます」といった意見具申をすることになるのだと思います。まさしく，これらの経営意思決定の選択に際して，企業内部と業界事情に精通した法務部門の積極的な参画が期待される分野なのです[1]。

[1) ファイナンスの分野においても，たとえば，三角合併（Triangular Mergers）には，完全親会社の株主総会が原則不要であり，反対株主の株式買取請求権が認められないといったメリットもあるため，グループ再編や安定株主工作に三角合併を検討するに際しては，企業内部と業界事情に精通した法務部門の積極的な参画が期待される。

③　まとめ

　非公開会社では，定款の定めによって，監査役を非設置としたり，監査役の権限を会計監査権限に限定したりすることもできます（会社法 389 条 1 項）。そして，監査役を設置しない会社や，監査役の権限を会計監査に限定した会社では，取締役から独立した立場で業務監査を行う者がいないため，株主の監督是正権限が強化されています（会社法 371 条 2 項・367 条 1 項 3 項 4 項・426 条 1 項・357 条 1 項・360 条 1 項 3 項）。したがって，乙社の監査役を廃止し，または，監査役の権限を会計監査に限定すれば，親会社である甲社は，株主としての監督是正権を通じて，乙社をコントロールすることもできます。

　企業法務としては，これらガバナンスの問題ばかりでなく，業界の立場から，対外的に法律的な意見を発表するような場面もあるでしょう。新しい時代にふさわしい社会的ルールの構築や，世論に耐えうる業界関連法規の確立，さらには市場における公正な競争環境の整備などについて，政官界など公的機関に向かって法律意見を述べることもまた，企業の法務部門のみがなしうる重大な使命です。

　かくして，本当の意味での戦略法務を担うことができるのは，企業内部に精通した法務部門ということになるのだと思います。

図表　会社法における機関構成の概略

	株主総会 取締役	取締役会	監査役等	会計監査人	備　　考
Ⅰ	株主総会 取締役	―	―	―	従前の有限会社
Ⅱ			監査役	―	
Ⅲ				会計監査人	
Ⅳ		取締役会	会計参与	―	非公開・非大会社のみ 選択可能
Ⅴ			監査役		旧商法上の中小会社
Ⅵ				会計監査人	平成5年改正前の大会社
Ⅶ			監査役会	―	
Ⅷ				会計監査人	旧商法上の大会社
Ⅸ			委員会型		

	非公開（株式譲渡制限）会社	公開会社
大会社以外	Ⅰ～Ⅸの9種類	Ⅴ～Ⅸの5種類
大会社	Ⅲ，Ⅵ，Ⅷ，Ⅸの4種類	Ⅷ，Ⅸの2種類

株主総会の運営

【Case】
　株主総会事務局の一員として，その事前準備と当日対応に何をしなければならないか。

本講のポイント

▶株主総会は，会社運営にとっての一大イベントであり，一点の失敗も許されない。

▶事前準備には，事務日程の確定，総会関係書類の作成，想定問答と総会運営シナリオの策定，最終確認と総会リハーサルの実施がある。

▶当日は，来場株主の受付，取締役の説明義務，表決等に注意を払わなければならない。

▶最近では，いわゆるアクティビストによる株主提案の動向にも注視が必要である。

解　説

1　株主総会事務局の役割

　株主総会は，企業トップが議事を進行するという意味においても，株式会社にとっての一大イベントであり，担当する事務局としても決して失敗は許されません。

　株主総会とは，経営の付託を受けた役員が1年の成果を株主に報告し（報告機関。会社法438条3項），会社の重要事項につき審議・決議する場です（決議機関）。また，近年では，総会がIR・PR活動の場としても利用されています。要するに，健全な会社運営にとって，法務担当者を含めた総会事務局の職責はきわめて大きいといわなければなりません。

(1) 株主総会の権限

　取締役会設置会社における株主総会の決議事項は，法令に規定する事項または定款に定めた事項に限定されます（会社法295条2項）。

(2) 株主提案権をめぐる諸問題

（a） 投資家と株主提案の動向

　最近は，機関投資家による積極的な議決権行使など，経営陣に対する株主の監視の目が厳しさを増しています。その背景には，スチュワードシップ・コードの影響，ISSやグラスルイス等による議決権行使基準の厳格化などがあります。

　アイ・アールジャパンホールディングスのまとめによれば，2020年は，過去最高の株主提案権行使件数を記録しています（69社）。このうちアクティビスト（要求型株主）から株主提案を受けた企業数は23社に上り，アクティビストによる投資活動は，今後とも我が国で活発化する可能性が高いように思えます。

（b） 株式保有要件の充足期間

　公開会社の株主が株主提案権を行使するためには，「総株主の議決権の100分の1又は300個以上の議決権」を「6か月前」より有していることが必要です（会社法303条2項・305条1項）。この6か月持株保有要件の起算点は，行使日から遡って6か月間と考えるのが多数説です[1]。また，この持株要件をいつまで充足している必要があるかについては見解が分かれていますが，基準日か提案権行使時のいずれか遅いほうと考えるべきでしょう。

（c） 株主提案権と委任状勧誘合戦

　株主提案権を行使した場合のみならず，単に会社提案に反対する場合にも，委任状勧誘合戦（proxy fight）が行われる傾向があり，慎重な対応が求められ

1）東京地判昭60年10月29日商事1057号34頁。

ます。近年では，機関投資家ばかりでなく，事業会社による株主提案権の行使
もあり，敵対的 TOB の代替手段として株主提案や委任状勧誘合戦が利用され
る可能性にも注意が必要でしょう。

　なお，株主が行う委任状勧誘については，株主総会の招集通知を受領する前
もなすことができますし，一部の議案のみに委任状勧誘することも可能です。

　株主提案ないし委任状勧誘合戦の準備としては，

① 定款・株式取扱規程を整備する[2]，

② 積極的な IR，安定株主策，ガバナンス強化などに努める，

などの点を挙げることができます。

(d)　株主名簿閲覧請求への対応

　委任状勧誘合戦に際し，株主側から株主名簿の閲覧謄写請求がなされること
があるため，その対応も実務上重要です（会社法 125 条）。ただし，上場会社で
は，少数株主権等の行使に個別株主通知が必要になったことから（振替法 154
条 1 項，会社法 130 条 1 項），株主名簿の閲覧謄写請求は減少傾向にあるようで
す。

(3)　議決権代理行使をめぐる諸問題

(a)　総論

　株主は，自ら総会に出席して議決権を行使するのが原則ですが，代理人によ
り議決権を行使することもできます（会社法 310 条 1 項）。たとえば，病気入院
中の株主が息子・甥に代理権行使させることも許されます[3]。なお，代理人に
よる議決権行使に関して必要な事項（代理権を証明する方法や代理人の人数など）
は，株主総会の招集時に個別に定めることができます（会社規則 63 条 5 号）。
ただし，定款に規定が置かれている事項については，総会招集時に決議する必

---

2) 定款で「当会社の株式および新株予約権に関する取扱い，株主の権利行使に際しての手続等な
　らびに手数料は，法令または定款のほか，取締役会の定める株式取扱規程による」などと規定し，
　それを受けた株式取扱規程の中で，①株主提案権の行使は書面でなければならない，②その理由
　等の記載は一定の範囲で字数制限を課すことができる，といった内容を盛り込んでおく対応があ
　る。

3) 大阪高判昭 41 年 8 月 8 日判タ 196 号 126 頁。

要はありません。

(b) 非株主の代理行使の可否

定款で代理人資格を株主に限定することも許容されており（最判昭43年11月1日民集22巻12号2402頁），約95%の会社がこの旨を定款に定めています。ただし，地方公共団体や株式会社の職員・従業員は，たとえ当人が株主でなくとも，代理行使が認められます（最判昭51年12月24日民集30巻11号1076頁）。

実務的に問題なのは，株主が弁護士に委任した事例です。この点，議決権行使の拒絶は違法（定款規定は有効だが，会社の利益が害されるおそれがないと認められる場合には，定款解釈運用を誤ったというべき）と判断した下級審の裁判例もありましたが（神戸地尼崎支判平12年3月28日判タ1028号288頁），現在の実務では，弁護士による代理権行使の拒絶を適法と解する見解が定着しているものと思います（宮崎地判平14年4月25日金商1159号43頁，東京高判平22年11月24日資料版商事322号180頁）[4]。実際の運営では，どこまでを適法とするかで不平等な扱いが生じるリスクがあるため，あらかじめ取扱いを統一しておくことが必要でしょう。

(c) 実質株主の取扱い

最近では，投資信託委託業者が受託者の代理人として入場を求めたり，海外機関投資家が国内カストディアンの代理人として議決権行使を求めたりするなど，実質上の株主が名簿上の株主の代理人となることができるか，という問題も提起されています[5]。たとえば，名義株主の背後にいる実質株主（グローバルな機関投資家等）の入場を認める会社も全体の3割弱あり，実質株主から総会出席を求められた場合には自社の裁量で傍聴を認める会社は7割を超えています（ケース・バイ・ケースで対応する会社が2割強）。

4）菅原「株主総会」石山卓磨監修『検証 判例会社法』（財経詳報社，2017）220頁。

5）コーポレートガバナンス・コード補充原則1-2⑤は，「信託銀行等の名義で株式を保有する機関投資家等が，株主総会において，信託銀行等に代わって自ら議決権の行使等を行うことをあらかじめ希望する場合に対応するため，上場会社は，信託銀行等と協議しつつ検討を行うべきである」とする。

③　事前準備

(1)　事前準備の俯瞰

　株主総会当日に向けた事前準備としては，①事務日程の確定，②総会関係書類の作成，③想定問答の策定，④総会運営シナリオの策定，⑤最終確認と総会リハーサルの実施，があります。以下には，その実務的な要点を確認していきましょう。

　なお，WEB 開示や WEB 修正，株主総会資料の電子提供制度の創設など，株主総会の電子化が進んでいることにも着目しなければなりません。

(2)　株主総会事務日程

　事前準備は，まず事務日程を確定するところから始まります。

　この事務日程のなかで，取締役は，事業報告と附属明細書を作成し，これらを監査役に提出します（会社規則 129 条 1 項）。また，取締役会設置会社では，取締役が計算書類等を作成後，まず会計監査人・監査役（会）による監査が行なわれ，これが終了した後，取締役会の承認を受けることとされています（会社法 436 条 3 項・444 条 5 項）。株主総会招集の際に決定すべき事項（会社法 298 条 1 項，会社規則 63 条）については，取締役会の決議によって定める必要があり（会社法 298 条 4 項），決議された事項は，招集通知に記載すべき事項となるわけです（同 299 条 4 項）。

(3)　招集通知，事業報告，参考書類の作成実務[6]

　株主総会を招集するには，株主総会の日の 2 週間前（非公開会社の場合は，1 週間前）までに，株主に対して招集通知を発する必要があります（会社法 299 条 1 項）。取締役会設置会社の場合，招集通知は書面（株主の承諾を得れば，電磁的方法）でなければなりません（会社法 299 条 2 項 2 号）。

　なお，令和元年の会社法改正により，株主総会資料を会社のホームページな

---

6) 参考書式として，日本経団連 2016.3.9「会社法施行規則及び会社計算規則による株式会社の各種書類のひな型（改訂版）」http://www.keidanren.or.jp/policy/2016/017.pdf

どの WEB サイトに掲載し，株主に当該 WEB アドレスを書面により通知した場合には，株主の個別承諾を得ていないときでも，株主総会資料を適法に提供したものとする制度が創設（上場会社（振替株式発行会社）には義務付け）されています（電子提供制度。会社法 325 条の 2 ～ 325 条の 5）。

　また，招集通知には，計算書類と事業報告（監査報告・会計監査報告を含む）を招集通知に添付する必要があります（会社法 437 条）。さらに，書面による議決権行使を認める場合には，株主総会参考書類・議決権行使書面も添付（株主の承諾により電磁的方法による招集通知を行う場合には，電磁的方法により書面を提供することも可）しなければなりません（会社法 301 条 1 項 2 項）。

　近年では，早期発送，発送前のホームページ掲載，英訳等が取り組むべき課題となっています7)。

(4)　想定問答・シナリオの作成，リハーサルの実施

　想定問答作成の目的は，総会当日の質問を予想し，あらかじめ回答を作成しておき，総会当日に備える点にあります。したがって，質問が出されたら，すぐに取締役が回答できるよう，検索しやすい工夫をすべきです。作成に際しては，新しい計算書類に基づく想定問答，自社に関する報道やトピックス的な事例の確認，他社で出された質問の分析が必要でしょう。また，シナリオは，①ミスのない議事運営，②時間管理，③役割分担の明確化のためにも作成しておくべきです。

　リハーサルの実施は，事前にシナリオを実践することにより，不測事態（たとえば，動議）への対応に備えることができます。動議への対応については，①「動議」か「意見」かの見きわめ，②必要的動議か裁量的動議かの判断，③

---

7)　コーポレートガバナンス・コード補充原則 1-2 ②は，「上場会社は，株主が総会議案の十分な検討期間を確保することができるよう，招集通知に記載する情報の正確性を担保しつつその早期発送に努めるべきであり，また，招集通知に記載する情報は，株主総会の招集に係る取締役会決議から招集通知を発送するまでの間に，TDnet や自社のウェブサイトにより電子的に公表すべきである」とし，同 1-2 ④は，「上場会社は，自社の株主における機関投資家や海外投資家の比率等も踏まえ，議決権の電子行使を可能とするための環境作り（議決権電子行使プラットフォームの利用等）や招集通知の英訳を進めるべきである」とする。

動議の審議と採決時期の対応（たとえば，議案の修正動議が出された場合には，会社提案先議→承認可決→修正動議は当然に否決）がポイントとなるでしょう。

4　当日対応

(1)　来場株主の受付

　原則としては，議決権行使書面を持参した者を株主として入場させます（代理人の扱いについては，前記 2 (3)）。また，出席株主に対し，所持品検査や持込制限も可能です[8]。

　問題は，同伴者の扱いでしょう。介助等が必要な株主の付添人の入場を認める会社が多いのに対して，配偶者の入場を認めない会社が大半を占めています。認める場合でも，株主席と別に同伴者席を設けるなどの措置が必要でしょう。なお，外国人株主の同伴する通訳の入場を認める会社もありますが，通訳の個人的な発言はしない旨の誓約書を事前に求めるなどの対応は検討すべきです。

(2)　議事運営をめぐる諸問題

　議事運営の方式は，個別上程・個別審議方式（報告事項に対する質疑応答→議案ごとに説明・質疑応答・採決）と一括上程・一括審議方式（すべての議案の説明→報告事項・各議案の質疑応答→議案の個別採決）に大別されます。かつては本来の会議体のあり方といえる個別上程方式が主流でしたが，昨今は，一般個人の株主増加に伴い，一括上程方式を採用する会社が多くなっています[9]。

(3)　取締役の説明義務

　取締役等は，株主総会において，株主から特定の事項について説明を求められた場合には，当該事項について必要な説明をしなければなりませんが，一定の場合には，説明を拒否することができます（会社法 314 条，会社規則 71 条）。

8）福岡地判平 3 年 5 月 14 日判時 1392 号 126 頁。

9）議事運営の適否が争われた裁判例として，最判平 8 年 11 月 12 日判時 1598 号 152 頁，大阪高判平 10 年 11 月 10 日商事 1509 号 43 頁等。

現実の運営では，厳格に説明義務の範囲に回答をとどめるというより，現在は株主との唯一の対話の場として株主総会を活用しているのが実態です（対話型総会）。対話型総会において，説明義務の有無にかかわらず，説明を検討すべき（ないし説明が望ましい）事項としては，①期中または総会当日までの間のトピックス・社会的関心事，②営業政策・現業部門のサービス・株主優待制度，③将来の概括的な経営戦略，④BCP・環境問題，⑤内部統制・コーポレートガバナンスなどがあります。

なお，業績・株価ともに低迷が続く会社においては，株主からの発言・質問が予想されるところです。しかし，株価低迷は，経済情勢や証券市場の各種要因が複雑に作用して形成されるものであり，一企業の立場では把握しきれない実情にあります。こうした質問に対しては，「今後とも業績の向上専一に経営にあたり，より高い評価を受ける企業とすることに努める所存」といった回答をすべきでしょう。

(4) 表決をめぐる諸問題

判例によれば，議事の方式について，定款に別段の定めをしていない限り，総会の討議過程の最終段階にいたって，議案に対する各株主の確定的な賛否の態度がおのずから明らかとなり，その議案に対する賛成の議決権数がその総会の決議に必要な議決権数に達したことが明白になった時に，表決が成立したものと解されています（最判昭42年7月25日民集21巻6号1669頁）。

会社側提案議案の可決が（議決権行使書面等の集計から）採決前に判明している場合には，拍手または挙手による採決方法で問題ありません。ただし，採決段階で事前の議決権行使結果をビジュアルに割合表示するなどの対応は検討されてよいでしょう。他方，議決権が拮抗している場合には，投票などの慎重な採決方法をとる必要があります10)。

---

10) 参考裁判例として，大阪地判平16年2月4日金商1191号38頁（井上金属工業事件）。

5 新型コロナ下の株主総会（補論）

(1) 2020 年の状況

　新型コロナの感染拡大を受け，株主総会の開催も影響を受けざるを得ませんでした[11]。2020 年の定時株主総会では，株主に対して，事前の書面またはWEB による議決権行使（書面投票，電子投票。会社法 298 条 1 項 3 号・4 号）を呼びかけたり，おみやげの配付を中止または後日配送したりするなど，株主総会当日の来場を見合わせるように促す動きが見られました。また，開催時間の短縮，登壇役員のマスク着用，サーモグラフィーによる検温実施等を実施した企業もありました。

　他方，株主総会を開催する場合の当日対応については，来場者の事前抑制，当日受付の工夫，会場設営・議事運営等々，留意すべき点も多かったのですが，特に重要なのは，会場を感染症拡大のクラスターにしないことでした[12]。

(2) バーチャル株主総会の活用

　現行法上，株主総会の招集に際しては，物理的な開催場所を決めなければならないため，物理的な開催を伴わないオンラインのみの株主総会〔バーチャル・オンリー型〕は認められません（会社法 298 条等）。

　しかし，リアル株主総会の開催に加え，その開催場所に在所しない株主がインターネット等の手段を用いて参加する総会〔ハイブリッド型〕は可能です（会社規則 72 条 3 項 1 号）[13]。このハイブリッド型バーチャル株主総会には，株主総会を傍聴するだけで，そこで議決権行使等は想定されていない「参加型」と，会場の株主と同様に，議決権を行使できる「出席型」があります。コロナ禍の 2020 年，バーチャル株主総会を活用する企業が増え始めましたが，その多くは参加型でした。

11）東京証券取引所「2020 年 3 月期の定時株主総会の動向」（2020 年 5 月 1 日公表），法務省「定時株主総会の開催について」（同月 15 日更新）。

12）経済産業省・法務省「株主総会運営に係る Q&A」（2020 年 4 月 28 日更新）。

13）経済産業省「ハイブリッド型バーチャル株主総会の実施ガイド」（2020 年 2 月 26 日策定）。

この点，政府の成長戦略会議では，バーチャル・オンリー型の株主総会を認める方向での関連法制の改正を検討しているので，今後の動向に注視すべきです。

発展課題

☑ 最近のアクティビストによる投資活動を整理し，対象企業としての対応策を検討しよう。

☑ バーチャル株主総会（参加型・出席型・バーチャルオンリー型）開催の可否と，その導入に際しての留意点を検討しよう。

【Case】
　甲株式会社の代表取締役Aは，同社が赤字決算であることを隠し，あたかも黒字であるかのような計算書類を作成した。その後，甲社の取締役会がこの計算書類を承認し，定時株主総会で配当議案が提出・承認され，株主への配当が実施された。甲社には，代表取締役Aのほかに，取締役BとCがおり，取締役Cだけは，前記の取締役会で配当議案の提出に反対していた。

本講のポイント

▶ 会社としては，直接金融と間接金融のメリットとデメリットを比較検討し，どのような規模と方法で資金調達をすべきかを，経営判断によって決定しなければならない。

▶ 株式会社では，会社の利潤を極大化し，株主の利益の最大化を実現することが最重要課題であるが，この株主に対する利益還元（剰余金配当）の規模は，各期の利益の状況，翌期以降の利益の見通しなどを総合的に考慮する必要がある。

▶ 不正経理や粉飾決算の予防に十分な注意を払うことは，企業法務の重要な職責である。

解　説

① 資金調達

(1) 総説

　会社法が規律する領域を俯瞰すれば，企業の組織・運営を規律する「ガバナンス」分野（**第6講**），会社の資金調達等に関する「ファイナンス」分野に大別できます[1]。たとえば，後者の領域には，資金調達，会社の計算，成果の配

---

1) ガバナンスとファイナンスの重畳する領域として，設立や事業再編がある。

分等が含まれます。

　そもそも会社は，営利を目的とします。多数説的な見解によれば，会社の営利性とは，対外的活動によって生じた利益を構成員に還元・分配することとされています（会社法105条2項参照）。利益を分配するには，それだけ稼がなければなりません。つまり，金儲けが必要なのです。金儲けをするためには，必ず元手が要ります。しかも，この元手が多ければ多いほど，事業・興業の可能性は拡大するし，それだけ得られる利益も大きくなります。この元手を集めることを資金調達といいます。

　このように，会社はその事業活動のために資金調達を行います。企業活動とは，資金を調達し，これを資本投下して，付加価値（儲け）を含めて回収する。そして，さらに資金調達を行う，という循環過程なのです。

　会社が調達する資金には，内部資金と外部資金があります。内部資金とは，会社の事業活動によって自ら生み出した資金であり，これを構成員に分配せずに社内に留保し，事業活動のための新たな資金とするものです。利益の内部留保や減価償却費がこれに該当します。

　これに対して，外部資金とは，会社の外部から調達される資金であり，さまざまな手段があります。ちなみに，会社の設立行為とは，もっぱら外部からの資金調達によって，資本投下を準備するものであり（前記循環過程の第1段階），資金調達の変形物であるとも考えられるでしょう。

(2)　直接金融と間接金融

　外部資金としては，取引行為による資金調達があり，これには，手形等による企業間信用，銀行等からの借入れ（金銭消費貸借契約）が含まれます。このうち，借入れによる資金調達は，銀行が預金を集めて企業に貸し付けるように，資金供給者と利用者（企業）の間に第三者（銀行）が入っていることから，間接金融といいます。

　従来，企業の資金調達の主役は，銀行からの借入れでした。しかし，バブル期以降，日本の各銀行は多額の不良債権を抱えたため，その体力が減退するようになります。ことに昨今の低金利のもとでは，銀行の手数料相当の利益を上

乗せされた融資を受けるよりも，直接一般の投資家から資金を集めたほうが，資金調達にかかるコストも安くあがります。企業の側からいえば，銀行からの借入れよりも低い金利で資金調達できるし，投資家としても銀行預金よりは多少なりとも高い利息で金を預けた結果となるわけです。

　依然企業の資金調達の主軸が銀行からの融資，すなわち間接金融であることに変わりはありません。しかし，最近では，企業が直接市場から資金を調達する方向にシフトする傾向も見受けられます。このように資金利用者（企業）が供給者（市場）から直接に資金を調達する方法を直接金融といいます。

（3）　株式と社債

　株式会社の直接金融としては，株式発行と社債の二つがあります。両者とも会社にとって外部資金を調達する手段ではありますが，性格的にはまったく異なるものです。

　株式は会社への出資の対価として与えられるものですから，株主は会社の構成員であり所有者であると観念されます（エクイティ・ファイナンス）。これに対して，社債は投資家から借金をする制度であって（デット・ファイナンス），融資の対価として与えられるものだという根本的な違いがあるのです。

　社債が借金である以上，会社が儲かろうと儲かるまいと確定利息を支払わなければなりませんが，その代わりに金を返済してしまえば，会社との関係は終了します。企業が返済の義務を負うものを他人資本といいますが，社債は借入れとともに他人資本とされています。社債権者は会社外部の債権者に過ぎませんから，会社経営には原則として関与できません。

　株式のほうは，いったん出資された金を原則として返還することはないですし，配当する原資がなければ配当する必要もありません。企業に返済の義務がないので，これを自己資本といいます。ただし，配当支払期間といった限定はありませんから，会社が儲かっている以上，原則として半永久的に支払い続ける必要があります。また，株主は会社の所有者ですから，議決権行使等によって会社の経営に参加する機会が与えられています。

　ただし，優先株（会社法108条1項1号2号），議決権制限株式（同項3号・

115 条），取得請求権付株式（同 2 条 18 号・107 条 1 項 2 号・108 条 1 項 5 号），取得条項付株式（同 2 条 19 号・107 条 1 項 3 号・108 条 1 項 6 号），新株予約権付社債（同 2 条 22 号・292 条）のように，株式と社債の性質が混合したものも認められており，両者の性質はきわめて接近しています。

　会社としては，各々のメリットとデメリットを比較検討し，どのような規模と方法で資金調達をすべきかを，経営判断によって決定することになるわけです。

(4)　授権株式制度

　会社法は，資金調達の機動性を確保するため，授権株式（授権資本）制度を採用しています。授権資本制度とは，会社が将来発行する予定の株式の数（発行可能株式総数）を定款に定めておき（会社法 37 条 1 項・2 項），その範囲内では，取締役会等の決議によって適宜株式を発行することを認める制度です。株式会社が交付できる株式総数は，「発行可能株式総数 − 発行済株式総数 ＋ 自己株式数」で計算することができます（会社法 113 条 4 項）。

　ただし，公開会社では，設立時に発行可能株式総数の 4 分の 1 以上の株式を発行しなければならず（会社法 37 条 3 項本文），また，定款変更によって既存の授権株式数そのものを増加する場合にも，発行済株式総数の 4 倍までしか増加できません（同 113 条 3 項本文）。これに対して，非公開会社の場合には，新株発行が株主総会の権限であることから，このような 4 倍の制限は存在しません（会社法 37 条 3 項但書・113 条 3 項但書）。

(5)　株式募集の手続

　株式による資金調達の手続は，①募集事項の決定（会社法 199 条・309 条 2 項 5 号・201 条），②募集時項の通知・公告（同 201 条 3 項・4 項・5 項，金商法 4 条 1 項・2 項），③募集の通知・引受申込み（会社法 203 条 1 項・2 項・4 項，金商法 2 条 10 項），④募集株式の割当て（会社法 204 条 1 項），⑤申込者に対する割当通知（同 204 条 3 項），⑥出資の履行（同 208 条）です。

　この点，公開会社では，有利発行の場合を除き[2]，取締役会決議で募集事項

を決定します（会社法 199 条・201 条）[3]。

② 会社の計算

(1)　計算の意義

　そもそも会社は営利を目的としますから，対外的活動によって生じた利益を分配しなければなりません（会社法 105 条参照）。株式会社の場合でいえば，会社が資金を集め，この資金を元手に事業活動を行い，それによって得た利益を資金の提供者である株主に還元します。このように，企業活動とは，調達した資金を投下し，これに利益という付加価値を含めて回収するという循環過程です。この付加価値が企業活動の果実であり，成果なのです。

　そこで，会社としては，成果のうち，どの程度を株主に分配するかの限度（分配可能なパイの大きさ）を決めなければなりません。すなわち，配当限度額の適正な算定が必要です。また，市場に対しては，会社の財務内容を開示しなければなりません。債権者等の利害関係者に対する情報提供の要請です。

　特に大会社・公開会社においては，多数の株主・債権者が存在しますから，配当限度の適正な算定および利害関係者に対する情報提供という課題を達成するために，法をもって会社の計算関係を規制する必要性が顕著です。

(2)　利益と報酬

　会社は，設備投資等のための内部留保により，高収益の期待できる財務体質を確保・維持しつつ，会社の構成員たる株主に剰余金を配当します。会社は営

---

2) 第三者に「特に有利な」払込金額で新株発行を行う場合には，株主総会の特別決議を経なければならない（会社法 199 条 2 項・201 条 1 項・309 条 2 項 5 号）。

3) これに対して，非公開会社における募集事項の決定は，株主総会の特別決議が必要である（会社法 199 条 2 項・309 条 2 項 5 号）。この場合，既存株主は新株の割当てを受ける権利を要するのが原則だが（会社法 202 条 1 項），新株発行の際の株主総会の特別決議でこれを排除することができる（同 199 条 2 項・200 条 1 項 3 号・309 条 2 項 5 号）。また，非公開会社の場合，有利発行に該当するか否かを問わず，株主総会の特別決議で「募集株式の数の上限及び払込金額の下限」を定めておけば，当該決議の日から 1 年間に限り，その他の募集事項の決定を取締役会等に委任することができる（会社法 200 条 1 項・3 項）。

利を目的とし，構成員（株主）に対する利益の分配が要求されますから（会社法105条2項），株式会社においては，会社の利潤を極大化し，株主の利益の最大化を実現することが最重要課題となります。この剰余金配当の規模は，経営判断の問題ですが，各期の利益の状況，翌期以降の利益の見通しおよびキャッシュ・フローの状況などを総合的に考慮しなければなりません。

　一方，取締役には報酬が支払われます。会社の利潤を極大化し，株主の利益の最大化を実現するためには，取締役の経営努力が不可欠です。取締役がどれだけ努力しても，株主のみが利益の分配に与るというのでは，経営に対するインセンティブは生じにくいでしょう。そこで，取締役の報酬も，個々の役割の大きさと貢献度に応じて決定されることが求められます。

　そもそも報酬とは，職務執行の対価です。したがって，その決定も業務執行と表裏の関係にあるため，取締役（会）が決定してもよいはずです。しかし，これを取締役（会）の権限とするならば，取締役同士の馴れ合いから不当に高額の報酬を決定し，会社に損害を与えてしまうかもしれません（いわゆる「お手盛りの危険」）。そこで，法は，報酬の決定を定款ないし株主総会の決議としています（会社法361条1項）。

(3)　剰余金の配当

　株主に対する金銭等の分配（利益の配当，中間配当，資本金および準備金の減少に伴う払戻し）も，自己株式の有償取得も，株主に対する会社財産の流出という面からは同じ性質を有しますから，統一的な財源規制が課されています（会社法446条・461条）。このように会社財産の払戻しを規制する趣旨は，会社財産が債権者の担保財産と考えられるからです。

　会社法では，剰余金分配の財源規制における分配可能額の算定方法を「剰余金の分配可能額＝最終の貸借対照表上の留保利益等の額－最終の貸借対照表上の自己株式の価額等－当期に分配した金銭等の価額」としています（会社法446条・461条1項，計算規則178条・186条）。これは，最終の貸借対照表上の留保利益等から最終の貸借対照表上の自己株式の価額等および当期に分配した金銭等の価額（現に金銭等の分配または自己株式の取得をした価額）を控除する

方法で算定するように定めたものです。

(4)　計算書類と決算公告

　事業年度末には，事業報告，貸借対照表，損益計算書および附属明細書を作成する必要があります（会社法435条）。また，取締役会設置会社では，株主に対し，株主総会の招集通知に際して，計算書類および監査報告書などを交付しなければなりません（会社法437条）。

　また，会社法では，すべての株式会社に決算公告が義務づけられています。会社は貸借対照表またはその要旨を公告しなければならず，大会社の場合には，貸借対照表またはその要旨に加えて，損益計算書またはその要旨も公告しなければなりません（会社法440条1項・2項）。ただし，有価証券報告書を提出している会社については，EDINET等で有価証券報告書が公開されているため，決算公告は必要ありません（会社法440条4項）。

　公告の方法には，①官報への掲載，②日刊新聞紙への掲載，③電子公告があります。いずれの方法で公告するかは，定款で定めます（会社法939条1項）。仮に③の電子公告を選択した場合には，たとえば，自社のWEBサイトで決算公告を行うことができます[4]。

③　粉飾決算

(1)　粉飾決算とは

　粉飾決算とは，会社に利益がないのにあるように見せかけるため，事実と異なる金額を財務諸表に計上して利益を操作し，虚偽の決算報告をすることです。たとえば，会社の経営成績や財務状態が債務超過等で悪化している場合，これを隠匿しようとして，売上の水増しや経費の圧縮等の不正な経理操作をすることにより，黒字決算するのが典型例です。

　粉飾決算が行われれば，企業を取り巻く数多くの利害関係者に対して，不測

4）電子公告による開示を行う場合には，貸借対照表の要旨では足りず，貸借対照表そのものを開示する必要があるので，この点に注意が必要である（会社法440条2項）。

の損害を与えてしまいます。また，粉飾に関わった者は刑事・民事の法的責任を問われ[5]，企業の社会的評価は低下し，さらには，上場廃止や企業の存亡そのものにも多大な影響が生じます。

したがって，粉飾決算の予防に十分な注意を払うことは，企業法務の重要な職責です。

(2) 粉飾の原因と手法

粉飾決算に至る原因の大半は，経営者による自社業績の偽装目的です。たとえば，金融機関や取引先への対策，入札資格・許認可等の維持などのために，自社業績を偽るなどの事例です。また，簿外債務や経営者の横領発覚を回避するなど，不正を隠蔽する目的で粉飾決算がなされたり，株価・配当操作や経営者の資質による場合もあります。

粉飾決算の方法は，売上・収益を増やす（売上・収益の架空計上）か，経費を減らす（費用の圧縮）かの二通りしかありません。売上・収益の架空計上では，子会社や外部企業と通謀の上，偽りの請求書を発行しあって，売上を水増しするのが典型例です。

(3) 粉飾の予防策

粉飾決算では，①業績が悪ければ，融資を引き揚げられ，経営責任を追及される（動機），②ルールが形骸化し，ガバナンスが機能していない（機会），③粉飾しなければ，倒産し，従業員が失職する（正当化）というような3つの要素の「不正のトライアングル」が認められる事例が多いので[6]，その1要素で

---

5) 刑事責任として，違法配当罪（会社法963条5項2号）・特別背任罪（同960条1項）・有価証券報告書虚偽記載罪（金商法197条）・銀行に対する詐欺罪（刑法246条2項），民事責任としては，違法配当額の賠償（会社法462条）・会社に対する責任（会社法423条・847条）・第三者に対する責任（会社法429条）・金商法上の損害賠償責任（全商法24条の4）・債権者からの損害賠償請求（民法709条・会社法350条）。金商法上の役員等の「相当な注意」について，菅原「証券訴訟における過失立証」慶應法学43号197頁。

6) 不正のトライアングルは，米国の犯罪学者ドナルド・R・クレッシーが犯罪者への調査を通じて導き出した要素を，W・スティーブ・アルブレヒトが図式化した理論。*W. Steve Albrecht*, "Iconic Fraud Triangle endures", the 2014 July/August issue of *Fraud Magazine*.

もなくなれば，粉飾決算が予防できます。そして，特に重要なのは，これら要素の「発見」よりも，要素の発生を未然に「防止」することです。

　動機については，風通しのよい企業風土を醸成することで予防可能です。そのためには，経営層が率先して良好な風土づくりに不断の努力を重ねなければなりません。機会を喪失させるためには，職務過程の透明化を図ることです。業務権限分掌を明確にした規程を整備し，粉飾が発生しないようなチェック体制を企業グループ全体で構築する必要があります。また，正当化を防ぐためには，風通しの良い職場づくりと，内部通報制度の充実を挙げることができるでしょう[7]。

発展課題
- ☑ 第三者割当増資に際し，企業法務に求められる職責を検討しよう。
- ☑ 冒頭 Case の取締役 B・C について，どのような法的責任に問われる可能性があるかを整理してみよう。

---

7) 菅原「企業法務の観点から見た粉飾決算」税理 63 巻 10 号 92 頁。

情報法務

【Case】

　X社では，地域住民を対象として，販売促進キャンペーンの一環として，地域住民対象のアンケートを企画した。このアンケートには，回答者の住所・氏名・電話番号・生年月日・勤務先・趣味など20項目に及ぶ質問が用意されている。甲社の営業部販売促進課は，回収されたアンケートに基づき「顧客リスト」を作成した。

　X社の営業部法人販売課の担当者Yは，X社を退職した後，X社とは一部事業が競合するZ社の取締役に就任した。Yは，現在も，X社から持ち出した「顧客リスト」を使用して，Z社の営業活動を展開している。これらの情報は，いずれもX社のコンピュータで管理されており，アクセスするにはパスワードを入力しなければならないものであった。X社としては，Yに対し，「顧客リスト」使用の差止と損害賠償を請求する内容証明郵便を送付したが，Yからは何の返事もない。

本講のポイント

▶ 情報管理の基本は，保護すべき情報の範囲を明確化し，それに応じた管理を講じることである。

▶ 個人情報保護法は，個人情報の有用性に配慮しつつ，個人の権利利益を保護することを目的としている。

▶ 自社にとって重要と思われる情報は，可能な限り不正競争防止法上の「営業秘密」に該当するよう管理することが，企業法務の定石である。

▶ サイバーセキュリティ対策は，現代企業法務の重要課題である。

解　説

① 情報管理の基本[1]

(1)　情報法務の特殊性

　そもそも情報は，物との比較において，①複製に対する脆弱性が内在し，また，②価値の相対性の度合いが高い，という特殊性があります。そうした意味からも，情報法務には，物を扱う一般的な法律と異なる面があります。

(2)　情報管理体制の構築・整備

　情報は，有体物の場合と異なり，複写される蓋然性が高く，時の経過によって他者に共有されますから，こうした複製に対する情報の脆弱性を認識したうえで，安全な情報管理に心がけなければなりません。また，高度情報化社会の現代では，自らにとって有用な情報を絞り込んで，これを最大限に活用することが肝要です。すなわち，本当に必要な情報か否かを精査して，本当に必要なものだけを保有・管理することが重要です。

　そのためには，情報流出事件の原因を分析し，何が本当のリスクなのかを知らなければなりません。事件の背景には，①企業間競争の激化，②雇用の流動化・多様化，③海外企業による侵害事例の増加，④インターネットによる高度情報社会の定着，そして，⑤サイバー攻撃の巧妙化などの諸事情があります。

　したがって，技術（狭義の情報セキュリティ対策）と組織（情報管理コンプライアンス体制）の両面から情報の安全管理体制を構築・整備しなければなりません。

(3)　情報管理の要点

　情報は，物との比較においても，価値の相対性の度合いが高いという性質があります。たとえば，ある特定の情報について関心を抱かない者は，その価値も理解できない傾向があります。こうした価値の相対性は，企業間のみならず，

---

[1] 菅原『詳解 個人情報保護法と企業法務〔第7版〕』（民事法研究会，2017）279頁。

同一企業内の組織間でも生じ得る問題です。したがって，企業として守るべき情報は，重要な知的財産であることが客観的に認識でき，かつ，具体的に管理可能な形式にして管理することが肝要なのです。

また，現実の情報事故では，どのような種類の情報が流出したのかが重要視されます（量の問題ではなく，流出した情報の質の問題です）。個人情報（プライバシーの外延）や企業の技術・ノウハウ（営業秘密の外延）についても，自社にとって価値ある情報をみきわめ，本当に必要な情報か否かを精査して，自社にとって必要なものだけを保有・管理することが，法的責任を回避する早道です。

情報流出事件を概観すれば，企業・事業者の側（従業員・委託先）から情報流出した事案が相当部分を占めています。また，不注意・過失による事案が圧倒的に多いのが現実です。このため，企業内部の組織的な管理体制が重要です。たとえば，従業員と秘密保持契約を締結するなどし，社内教育を徹底しなければなりません。また，委託先の選定と委託内容の適正にも，十分な注意を払う必要があります[2]。

他方，最近では，ネットを通じたサイバー攻撃が大きな脅威になってきました。企業におけるサイバーセキュリティは，一つの重要な経営課題です。企業としての社会的責任を果たし，ステークホルダーからの信頼を得るためには，身の丈に合った情報セキュリティ対策を実施しなければなりません。

② 個人情報の保護

(1) 個人情報保護法の目的

個人情報保護法（本項では，以下「法」）は，「個人情報の有用性に配慮しつつ，個人の権利利益を保護することを目的とする」と定めています（法1条）。

この文理から，個人情報にまつわる個人の権利・利益・自由といったものを保護することが法の究極目的であることは明白ですが，事業者の立場からすれば，どのくらい有用性に配慮すべきなのか，あるいは配慮してもらえるのかが

2）大阪高判平13年12月25日サイバー法判例解説190（宇治市基本台帳データ漏えい事件）。

判然としません。こうした「有用性への配慮」に対する力説の強弱・濃淡が,法体系全体の解釈に大きな影響を及ぼすことを念頭に置いて,各条文の解釈に臨むべきでしょう。

(2)　個人情報保護法の枠組み

　個人情報保護法は,個人情報の取扱いに関する基本理念を定めるとともに(法3条),事業者が個人情報を取り扱う際に遵守すべき義務として,利用目的の特定・公表（同15条・18条),利用目的範囲内での取扱い（同16条),適正取得（同17条),正確性の確保（同19条),安全確保（同20〜22条),第三者提供の制限（同23条）などを規定しています。

　たとえば,取得・収集（法17条・18条),管理（同19〜22条),利用・活用（同15条・16条),消去・廃棄のいずれの場面でも,要配慮個人情報[3]を除いては,本人の同意を原則要求しません（法2条3項・17条2項・23条2項)。要配慮個人情報でなければ,書面による個人情報の取得に際しても,利用目的の明示等の手続は求められますが,同意までは必要なく（法18条2項。Case前段参照),本人の同意が要求されるのは,いわゆる目的外利用（同16条）と第三者提供（同23条1項）の場合に限られています。こうした仕組みも,有用性に対する配慮の一表現であるといえるでしょう。

(3)　実務的に重要な第三者提供の制限

　事業者は,あらかじめ本人の同意を得ずに,利用目的の達成に必要な範囲を超えて,個人情報を取り扱ってはなりません（目的外利用の制限。法16条1項)。しかし,現実の企業実務において,この目的外利用が問題となる事例は決して多くないと思われます。なぜなら,事業者の大半は,事後の利用目的変更という煩雑さを回避するため,あらかじめ自らの利用目的を（将来の事業予定も含め）幅広く設定しているのが通例だからです。

　むしろ実務的に問題となるのは,第三者提供の場面においてです。この点,

---

3) 要配慮個人情報とは,人種,信条,社会的身分,病歴,前科・前歴,犯罪被害を受けた事実等が含まれた機微（センシティブ）情報のことである（法2条3項)。

第三者提供の制限を解消する（本人の同意を回避する）措置としては，現行法上，オプトアウト（法23条2項）とグループによる共同利用（同23条5項3号）の概ね二つが挙げられます。このうちオプトアウトは，いわゆる「名簿屋問題」で注目されましたが，一般の事業者にそれほど利用されているのかは疑問です。

　これに対して，共同利用のほうは，企業グループ内での顧客リストの共用や同業者間のリスク情報の共有など，利活用の実例が少なくありません。たとえ関連会社間であっても，勝手に情報を流用することは許されません（法23条1項）。顧客情報を企業グループ内で利用するためには，あらかじめ利用する範囲を顧客に公表して，情報の提供を受ける必要があります（法23条5項3号）。

(4)　改正法の概要

　IT技術の進展に伴い，ビッグデータを活用した新産業の創出に対する期待が高まる一方で，深刻な情報漏えい事件への対応も求められるようになり，個人情報保護法は，3年ごとに見直しが図られるようになりました。

　2017年5月からは，「匿名加工情報」の定義を設け，本人の同意なく目的外利用や第三者提供を可能とする枠組みを導入しました（法2条9項10項・36条・37条）。また，個人情報保護委員会を設置し，個人情報保護に関する監督の一元化を図っています。さらには，センシティブ情報（要配慮個人情報）の取扱いに本人の同意を要求しました（法2条3項・17条2項・23条2項）。特に注意すべきは，第三者提供の規制に関し，記録作成義務（法25条），提供を受ける際の確認・記録義務（同26条）でしょう[4]。

　2020年にも法改正がされており，特に実務的に注目すべき改正項目としては，個人情報の不適正な利用禁止（法16条の2）と利用停止等の請求権の要件緩和（同30条1項），漏えい報告・通知の義務化（同22条の2），仮名加工情報の導入（同2条9項・35条の2・35条の3），個人関連情報（同26条の2）などを挙げることができます[5]。

---

4)　菅原「改正個人情報保護法の課題　～企業法務の視点から」慶應法学34号27頁。菅原・前掲注1）14頁。

5)　菅原「2020年個人情報保護法改正と企業対策」市民と法126号26頁。

(5)　外国法制への注意

　欧州における個人データ保護の枠組みである一般データ保護規則（GDPR, General Data Protection Regulation）が 2018 年 5 月より適用が開始されました。EU 域外への個人データの移転は原則禁止され，拘束的企業準則の策定や標準契約条項の締結など，一定の要件を満たさなければなりません[6]。また，米国では，2020 年 1 月，カリフォルニア州消費者プライバシー法（CCPA, California Consumer Privacy Act）も施行され[7]，こうしたプライバシー保護に関する国際的な潮流にも注視が必要です。

③　営業秘密の管理

(1)　不正競争防止法と営業秘密の管理

　不正競争防止法（本項では，以下「法」）は，事業者間の公正な競争およびこれに関する国際約束の的確な実施を確保するため，不正競争の防止および不正競争に係る損害賠償に関する措置等を講じ，もって国民経済の健全な発展に寄与することを目的とする法律です（法 1 条）。

　この法律は，不正競争によって営業上の利益を侵害され，または侵害されるおそれのある者に対し，不正競争行為に対する差止請求権を付与します（法 3 条）。そのことにより，不正競争の防止を図るとともに，その営業上の利益が侵害された者の損害賠償に係る措置等を整備し（法 4 条），事業者間の公正な競争を確保しようとしているわけです。

　したがって，不正競争防止法に定める「営業秘密」に該当しなければ（法 2 条 6 項），法の保護を受けることができません。逆にいえば，自社にとって重要と思われる情報は，不正競争防止法上の「営業秘密」に可能な限り該当するよう管理することが，企業法務の定石ということになります（営業秘密の管理）[8]。

---

6)　菅原・前掲注 1）357 頁。

7)　2020 年 11 月，CCPA を改正・追加規制したカリフォルニア州プライバシー権法（California Privacy Rights Act of 2020, CPRA）が住民投票によって可決された（2023 年の施行予定）。

(2) 営業秘密の 3 要件

　営業秘密とは，「秘密として管理されている生産方法，販売方法その他事業活動に有用な技術上又は営業上の情報であって，公然と知られていないもの」をいいます（法 2 条 6 項）。すなわち，①秘密として管理されていること（秘密管理性），②事業活動に有用な技術上または営業上の情報であること（有用性），③公然と知られていないこと（非公知性）という三つの要件をすべて充足しなければ，不正競争防止法の保護を受けることができません[9]。

　秘密管理性が認められるためには，その情報を客観的に秘密として管理していると認識できる状態にあることが必要です。そのためには，情報にアクセスできる者を特定すること（アクセス制限），情報にアクセスした者が，それが秘密であると認識できること（客観的認識可能性）の二つが要件となります[10]。このうち，アクセス制限の要件とは，アクセスできる者が限定され，権限のない者によるアクセスを防ぐような手段がとられていることです。また，客観的認識可能性とは，アクセスした者が，管理の対象となっている情報をそれと認識できるような状況になっており，また，アクセス権限のある者が，それを秘密として管理することに関心を持ち，責務を果たすような状況にあり，さらに，それらが機能するように，組織としての何らかの仕組み（組織的管理）を有していることです。

　有用性とは，財やサービスの生産，販売，研究開発に役立つなど，事業活動にとって有用なものをいいます。したがって，取締役のゴシップや不祥事・スキャンダルといった情報は，事業活動に役立つものとはいえず，有用性が認められませんから，営業秘密に該当しません。これに対して，実験の失敗データのようなネガティブ情報であっても，競合他社にとっては，開発段階のコストを削減する貴重な情報資料となり得るため，有用性が認められる場合があります。

　8）経済産業省「営業秘密管理指針」（2019 年 1 月 23 日改訂）。

　9）菅原「営業秘密の保護」棚橋祐治監修『改訂版 不正競争防止の法実務』（三協法規出版，2013）143 頁。

　10）東京地判平 12 年 9 月 28 日裁判所 HP（アコマ医科工業事件）。

非公知性の要件とは，刊行物等に記載されていないなど，保有者の管理下以外では一般に入手できない状態にあることです。仮に多数が同じ情報を持っていても，ライセンス契約を締結しているなど，秘密保持義務を負うような場合には非公知であるといえます。

(3)　法的保護の概要

不正競争防止法では，営業秘密の不正な取得・使用・開示行為を類型ごとに列挙して，それを「不正行為」と定義しています（法2条1項4号〜9号）。こうした不正行為に対しては，①差止請求（法3条），②損害賠償請求（同4条），③信用回復請求（同14条）が可能です（Case 後段参照）。

ちなみに，損害賠償請求に際し，損害額は，原則として，それを請求する被害者の側が主張・立証しなければなりません。しかし，営業秘密に関する不正競争の場合には，侵害した者が侵害により受けた利益の額を損害額と推定します（法5条）。また，訴訟における侵害行為・損害額の立証容易化や営業秘密の漏えいを保護するための諸規定も設けられています（法6条〜13条）。

営業秘密の不正な取得・使用・開示行為のうち，悪質な行為は刑事罰の対象とし（法21条），法人も処罰の対象となります（同22条）。

④　情報管理コンプライアンスの最新動向

(1)　SNS 不正書込みへの対応

SNS に従業員が不用意な書込みをすれば，企業や他の従業員が不利益を被ることもありますから，従業員の SNS 利用に伴うリスクを管理し，自社や従業員の利益を守らなければなりません。

こうしたリスクの管理方法としては，チェック・評価体制の整備と，ソーシャル・メディア・ポリシーの作成があります。まずは，書込みについて定期的・継続的にチェックする体制を整え，問題となる書込みを早期に発見し，内容について分析・評価し適切に対応することに努めましょう。また，ソーシャル・メディア・ポリシーには，① SNS を利用するに際しての心構え，②発信

情報についての自覚と責任，③法令・就業規則の遵守，④情報漏えいの禁止，⑤顧客や取引先への配慮，⑥問題発生時の対応方法に関する事項を規定しておきます。ソーシャル・メディア・ポリシーを作成した後は，それが理解され共有されるように各職場で研修を実施するなど，不祥事を予防できる仕組みを構築することが重要です。

　従業員が会社の不利益となるような書込みをしていた場合や，会社または取引先の機密情報にかかわる内容の書込みを行っていた場合は，当該従業員に対して削除するように要請し，根拠なく会社を誹謗中傷する書込みを行っている場合には，就業規則に基づき懲戒処分することも検討します。

(2)　情報管理コンプライアンスの最新動向

　特定非営利活動法人日本ネットワークセキュリティ協会（JNSA）によれば，直近 2019 年に公表された漏えい事案は 440 件余り，漏れた個人情報が約 561 万人，想定損害賠償の総額は約 2,685 億円と試算されています。これまで目立っていた機器の誤操作や内部関係者による不正など人的要因は減り，特に 2013 年以降では，ネットを通じたサイバー攻撃が大きな脅威になってきました。深刻な事案の主な原因は，①ネットへの不正アクセスと，②コンピューターウイルスの二つです。

　昨今，人的なミスや内部関係者の不正に対しては企業・組織による対策が浸透してきた一方で，ネットを通じた外部からの悪意ある攻撃は，新たな手法が次々に開発されていることなどから，漏えいが起きるリスクが高まっている状況です。企業法務としても，サイバーセキュリティ対策が重要な経営課題であることを認識し，技術面における情報セキュリティ対策（入退室管理，文書管理，パソコン・磁気媒体の管理，紛失・盗難対策等）と組織面での情報コンプライアンス体制の整備（内部統制システム上の情報管理，情報管理コードの策定，情報セキュリティ・マニュアルの作成と教育・研修，秘密保持契約の励行等）に対して，不断の努力をしなければなりません。

発展課題

☑ 自社の事業に情報テクノロジーがどのような影響を及ぼすのかについて，法的視点から整理してみよう。

第11講　独禁法・競争法

【Case】
　複数の同業者が参加する担当者の懇親会に出席したところ，席上で主力商品の価格や数量の話題が出た。たんなる情報交換のつもりで聞き役に徹していたが，後々法的に問題とならないかが心配である。

本講のポイント

▶ 独禁法とは，「汚い商売のやり方を許さない」という自由主義経済の規律である。
▶ 価格カルテルに細心の注意を払わなければならない理由は，制裁の厳しさと当然違法（illegal per se）の適用にある。

解　説

① 独禁法の目的

(1)　独禁法の枠組み

　コンプライアンス経営の下では，企業取引を公正かつ透明なものとし，取引先や競争会社からも理解の得られる手続によって実行されなければなりません。長年にわたる取引関係で形成された業界慣行についても，公平性と透明性の観点から積極的な見直しを図り，国際経済社会にも通用するものとなるような努力が必要です。

　こうした取引社会を規律するのが，経済法の分野であり，とくに重要なのが，経済憲法と称される独占禁止法（正確には，私的独占の禁止及び公正取引の確保に関する法律。以下，「独禁法」）の遵守です。

　いかなる状況にあっても，私的独占（後記②），不当な取引制限（カルテル，談合。後記③），不公正な取引方法（再販売価格の拘束，優越的地位の濫用など。後記④）といった違法行為を行わず，公正で自由な企業間競争を行わなければ

なりません。このためには，独禁法遵守の基本方針を社内外に表明し，独禁法遵守マニュアルを作成して，企業内での周知・徹底を図るべきです。

　力のある企業ほど「やりがちな」行為が，公正で自由な競争を阻害すると考えられています。したがって，公正取引委員会（公取委）としても，そのような行為を重点的に取り締まっているといえるでしょう，たとえば，私的独占，価格カルテル，入札談合，再販売価格の拘束などが，その典型です。したがって，これらの行為と疑われるような企業活動には，十二分に注意しなければなりません。また，購入先との適正取引や下請法にも注意が必要です。

(2)　自由経済と独禁法の趣旨

　独禁法の目的は，「私的独占，不当な取引制限及び不公正な取引方法を禁止し，事業支配力の過度の集中を防止して，結合，協定等の方法による生産，販売，価格，技術等の不当な制限その他一切の事業活動の不当な拘束を排除することにより，公正且つ自由な競争を促進し，事業者の創意を発揮させ，事業活動を盛んにし，雇傭及び国民実所得の水準を高め，以て，一般消費者の利益を確保するとともに，国民経済の民主的で健全な発達を促進すること」です（独禁法1条）。要するに，この法律は，企業活動の基本的ルールを定め，公正で自由な競争を促進し，経済の効率的運営を実現することを目的としています。

　市場原理を基本とする自由主義経済の下，事業者は，本来，何をやっても自由なはずです。こうした自由経済における事業者に対し，法はいったい何を規律するのでしょうか。それは，「何をやっても自由だが，最低限これだけは許されない」という規範的な要求です。あえて簡易な表現をするならば，「何をやっても自由だが，世間が後ろ指を指すような汚い商売だけはしてくれるな」ということではないかと思います。要するに，独禁法の目的とは，「汚い商売のやり方を許さない」という自由主義経済の規律なのです。

　企業はその商品やサービスが消費者に購入されることを目指して競争し，消費者は品質が良く価格も安いものを選ぶように努めます。こうして，多数の企業と消費者がそれぞれ自主的な判断で活動しながら，競争を通じて生産と消費が効率的に結びつくのです。独禁法は，汚い商売のやり方を制限することによ

り，この市場（価格）メカニズムを維持しようとしています。

　独禁法が禁止する主な行為類型は，①私的独占，②不当な取引制限（以上，独禁法3条），③不公正な取引方法（同19条）の三つです。

② 私的独占

　私的独占とは，事業者が，人為的に他の事業者の活動を排除したり支配したりすることによって，市場において価格や数量などを左右することができる力（市場支配力）を形成・行使することをいいます（独禁法2条5項）。そして，この私的独占は，他の事業者の活動の排除・支配に関する行為態様の違いによって，「支配型私的独占」と「排除型私的独占」とに分けられます。

　このうち，支配型私的独占とは，他の事業者の事業活動を支配することにより，一定の取引分野における競争を実質的に制限することです。「支配」とは，他の事業活動の意思決定を拘束し，自らの意思に従わせる行為（支配行為）のことをいいます。

　これに対して，排除型私的独占は，ごく簡単に説明をすれば，市場シェアの相当に強い強者が，新規会社の市場参入をさせなかったり，弱者を市場から叩き出したりすることです。

　ただし，ある企業が市場において独占的な地位になっていること自体を問題としているわけではありません。自らの企業努力によって市場のシェアを獲得することに対し，法が称賛することはあっても，これを規制するものではありません。あくまで，他社を支配・排除する行為を違法とするものです。たとえば，全国的に圧倒的シェアを握る企業が，販売を独占する地域の価格を高めに設定する一方で，地元会社が競合商品を発売する地域だけには，採算を度外視した安値で営業活動を行っていた場合には，他社を締め出そうとする意図があったとみられ，この私的独占に該当すると判断される可能性が高いでしょう。

　この点，自社の商品シェアが50%を超える事業者にとっては，排除型私的独占が要注意です。相手方事業者の事業活動が大きな打撃を受け，事業の継続が困難になるような状態をもたらす行為（排除行為）により，公共の利益に反

して，一定の取引分野における競争を実質的に制限することは許されません。

　私的独占と認定された場合には，その違反行為を排除するなどの措置をとるように命じられることがあるほか（排除措置命令，独禁法7条），課徴金の制裁があり（同7条の2），また，5年以下の懲役を含む刑事罰も科される可能性があります（同89条）。

③　不当な取引制限（カルテル）

(1)　カルテルとは

　不当な取引制限とは，いわゆるカルテルや談合のことです。

　カルテルとは，複数の同業者が市場支配を目的として，価格や生産・販売数量などを制限する協定や合意のことをいいます。その制限しようとする内容によって，価格カルテル，数量カルテル，市場分割カルテルなどがあります。カルテルは，価格を不当につりあげ，非効率的企業を温存し，経済全体を停滞させるなどの弊害をもたらすため，米国反トラスト法でも欧州競争法でも厳しく規制されています。

　カルテルとは，①事業者がお互いに連絡をとりあって，②本来個々の事業者がそれぞれ自主的に判断して決めるべき価格や数量を共同して決定し，③市場において有効な競争が行われないような状態をもたらすことです（独禁法2条6項）。条文上は，広く共同行為を規制するようにも読めますが，これまでの実務上，基本的には，同業者間の横の（水平的な）取決めに適用されています[1]。したがって，メーカーと小売業者の間（縦の関係）で価格の協定をしても，基本的には，価格カルテルにはなりません[2]。

　わが国の建設関連業界などにおいて，古くから慣行として定着しているものに，入札談合がありますが，これも独禁法上は不当な取引制限の一態様とされています（独禁法3条）。入札は，地方公共団体や国が発注する工事などの入札業者をあらかじめ決めるものであり，国や自治体に損害を与えるだけに，独禁

---

1) 東京高判昭28年3月9日高民集6巻9号435頁。
2) ただし，東京高判平5年12月14日高刑集46巻3号322頁（目隠しシール談合刑事事件）。

法に違反するほか，指名停止，談合罪（刑法96条の6第2項）などで厳しく処分されることとなります。

(2)　なぜ価格カルテルに注意を払うのか

特に多くの企業が，価格カルテルに細心の注意を払っています。

その理由の一つが，制裁の厳しさです。価格カルテル（price fix）は，日・米・欧どこでも最も制裁が厳しくなっています。たとえば，我が国の場合，カルテルや談合は，排除措置命令（独禁法7条），5年以下の懲役を含む刑事罰に加えて（同89条），価格に影響する取引制限については，厳しい課徴金の制裁もあります（同7条の2）。課徴金は，販売価格の引上げカルテルや価格決定カルテル，入札談合のほか，生産数量，販売数量，設備などの制限をして価格に影響を与えるカルテルが行われた場合にも課されます。その金額はカルテル実行期間の売上額の原則10%（製造業等の大企業の場合）であり，1社に対して100億円に及ぶ課徴金が課された実例もありますから，企業にとっては致命的なダメージとなり得るのです。国際カルテルとなった場合，米国反トラスト法では，行為者個人の禁固刑を含む刑事罰が科され（Sherman Act §1等），民事の集団訴訟（class action）も提起される危険があります。また，欧州のEU機能条約でも，多額の課徴金制裁があります（Treaty on the Functioning of European Union §101）。

理由の二つ目は，価格カルテルが，当然違法（illegal per se）の原則で規律される点です。当然違法とは，カルテル行為があれば，個別具体的に反競争的効果を立証せずとも違法とするものです。要するに，カルテルに至った経緯や理由などは問われることなく，そうした行為があったこと自体が違法だとされるわけですから，いわば「言い訳がきかない」のと同様です。

(3)　コンプライアンスの観点から

コンプライアンスの観点からは，商品の価格や販売方法に関して同業他社と情報交換すると，それだけで独禁法に抵触する可能性があることを肝に銘じておかなければなりません。

　商品の価格は，本来個々の企業がそれぞれ自主的に判断して決めるべきものです。これを競争関係にある事業者同士がお互いに連絡をとりあって決定することなどは，経済人として最も恥ずべき行為だと心得るべきでしょう。業界団体などの会合に出席する場合にも，このルールに反するのではないかと思ったら，事前に法務部や弁護士に問い合わせるように組織内で啓発しておきたいものです。

④　不公正な取引方法

(1)　不公正な取引方法とは

　不公正な取引方法とは，独占禁止法2条9項1号から5号に定められた行為のほか，同項6号イからへに定められた類型のいずれかに該当する行為であって，「公正な競争を阻害するおそれのあるもののうち，公正取引委員会が指定するもの」をいうとされています（独禁法2条9項）。この場合には，カルテルや談合と異なり，売り手・買い手のような縦の（垂直的な）関係にも適用されます。なお，不公正な取引方法に関する独禁法違反の場合，排除措置命令はありますが（独禁法20条），刑事罰（ただし，確定審決違反の場合を除く）や課徴金（ただし，不当廉売・差別対価・共同の取引拒絶・再販売価格の拘束・優越的地位の濫用を除く）の制裁はありません。

　独禁法の目的が「汚い商売のやり方を許さない」ことだとすれば（前記①(2)），必ずしも私的独占やカルテルばかりが「汚い商売のやり方」とは限りません。独禁法は，その他の「汚い商売のやり方」を「不公正な取引方法」と呼称したのです。

　「公正取引委員会が指定するもの」には，すべての業種に適用される行為類型（一般指定）と，特定の業種にだけ適用される特殊指定とがあります。一般指定のなかには，不公正な取引方法であることが明白だとされるものもありますが，多くはそれが不当な（すなわち，公正な競争を阻害するおそれがある）ときに，独禁法違反となります。要するにアンフェアな場合を規制していると考えておけばよいでしょう[3]。

(2) 不公正な取引方法の類型

　不公正な取引方法のうち，主なものは次のとおりです。

　「不当廉売」とは，不当な安値販売で競合店の経営を困難にするものです（一般指定6項）。原価を著しく下回る価格で継続して販売することそれ自体が，直ちに違法になるわけではありません。コスト割れの販売行為が，他の事業者の事業活動を困難にさせるおそれがある場合に，違法となります。

　たとえば，有力な事業者が，特定地域における競争者を排除するため，競合する地域においてのみ，安い価格で販売する場合には，「差別対価」に該当します（一般指定3項）。これに対して，価格差が取引上の合理性に基づいている場合や，需給関係・競争状態を反映している場合には，違法とはなりません。

　「再販売価格の拘束」とは，仕入れた商品を転売するときの価格を拘束することです（独禁法2条9項4号）。たとえば，メーカーが小売業者の販売価格の決定を拘束する場合がこれに該当します。これは価格という基本的な競争手段を拘束し，販売業者間の競争を制限するものですから，原則として違法となります。実務的には，①希望小売価格を設定する場合に，非拘束的な用語（「参考価格」「メーカー希望小売価格」等）を用いること，②希望価額を通知する場合に，あくまでも参考であり，流通業者の販売価格は各々の流通業者が自主的に決めるべきものであることを明示すること，の2点を励行すべきでしょう。

　ある商品を販売する際に，他の商品も同時に購入させることを，抱き合わせ販売といいます（一般指定10項）。これも取引の強制であり，不当に行われる場合には違法となります。

　正当な理由がないのに，自己と競争関係にある他の事業者（競争者）と共同して，ある事業者に対して取引を拒絶したり，取引にかかる商品・役務の数量・内容を制限すると，違法となります。たとえば，同業者や業界団体で共同して，安売り販売業者などの特定の事業者や新規参入事業者との取引を拒絶することが，「共同の取引拒絶」に該当します（一般指定1項）。この場合，競争者間で明示の協定などの決定行為があるか，競争者間に了解・共通の意思の連

---

　3) 当然違法（illegal per se）ではなく，合理の原則（rule of reason）が適用される。

絡がなければなりません。なお，共同の取引拒絶が不公正な取引方法として規制されるのは，市場における競争が実質的に制限されるまでに至らない場合であり，それに至れば，不当な取引制限（カルテル）として規制されてしまいます。

　最近増えているのが，取引妨害という行為類型です。これは，ライバル会社とその取引相手との取引について，契約成立の阻止や契約不履行の誘引などにより，その取引を不当に妨害することです（一般指定14項）。そのほか，不公正な取引方法には，排他条件付取引，拘束条件付取引などがあります。

　ちなみに，不当廉売・差別対価・共同の取引拒絶・再販売価格の拘束（それぞれの違反行為を繰り返した場合）は，課徴金の適用対象です。

(3)　優越的地位の濫用

　取引関係において優越した地位にある大企業が，取引の相手方に対して不当な要求をすることは，「優越的地位の濫用」として違法となります（独禁法2条9項5号）。取引先転換が事実上制約されている場合には，それが優越的地位に該当します。

　実務的に注意すべき行為としては，納入業者に対する押し付け販売（自社が販売する商品・役務の購入を要請すること），協賛金負担の要請（催事・広告等の費用負担のため金銭的な負担を要請すること），従業員派遣（優越的地位にある事業者が一方的な都合で他社従業員派遣を要請すること），不当返品（どのような場合に，どのような条件で返品するか当事者間で明確になっておらず，納入業者にあらかじめ計算できない不利益を与える場合）などがあります。

　この優越的地位の濫用は，特に下請関係で問題となることが多く，下請代金支払遅延等防止法（下請法）によって規制されています。下請事業者は経済的な基盤が弱く，親事業者は優越的地位を背景として支払代金の遅延，買いたたき，値引き交渉などを不当に行う可能性があるからです。したがって，取引先に製造や修理を委託する場合には，下請法の趣旨を理解したうえで，適正な契約・取引をしなければなりません。とくに下請代金の支払期日は，給付日から最長60日と定められており，これより長い期間で契約すれば下請法違反とな

ってしまうので注意が必要です（下請法2条の2）。下請事業者に対してばかりでなく，購入先などの取引先には，良識と誠実さをもって接し，公平かつ公正に扱うことが重要でしょう。

また，最近では，公取委が（GAFAなど）デジタル・プラットフォーム事業者に対する規制強化に動いていますが，そこで問題とされているのが，この優越的地位の濫用の判断です。

⑤ 景品表示法

企業が，虚偽や誇大な広告によって顧客を誘引したり（ぎまん的顧客誘引），過大な景品をつけて商品を販売するような行為（不当顧客誘引）は，消費者の正しい商品選択をゆがめるとされており，不当景品類及び不当表示防止法（景品表示法，以下「景表法」）によって規制されています。2016年春から，不当表示には課徴金制度が導入されました。

ぎまん的顧客誘引の典型が不当表示ですが，これは二つの類型に大別されます。それが「優良誤認」と「有利誤認」です。優良誤認とは，上げ底のように，商品・サービスの品質や内容をあたかも優良であるかのように騙るものであり（景表法5条1号），有利誤認とは，品質でなく，「いまだけ，あなただけ」といった取引条件を騙るものです（同2号）。

食品会社による一連の偽装表示事件など，不当表示に対する規制は厳しくなっています。したがって，商品・サービスの表示については，消費者からの誤解を受けることのない適正なものとしなければなりません。特に比較広告を行う場合には，客観的な事実による裏づけをとり，正確な表示を心掛ける必要があります。また，宣伝・広告には，他社を誹謗・中傷するような表現や，景表法とは直接関係はありませんが，社会的差別につながる用語も使用しないことが大切です。

発展課題

☑ 独禁法コンプライアンス・プログラムを設計するに際して，調査・違反・執行の各段階における自社のリスクを評価してみよう。

☑ 不公正な取引方法のうち，自らの事業活動で違反リスクが高い行為類型を抽出し，その予防策を検討しよう。

【Case】
　当社では，所定の始業時刻より前に準備体操や朝礼を行っていたところ，従業員某が，その時間も労働時間であると主張している。どのように対処すべきか。

本講のポイント

▶労働法を遵守することは，労働問題の法的リスクを回避するばかりでなく，有能な人材を確保するためにも重要である。

▶雇用の基本的ルールである労基法の要点を理解しなければならない。

▶労働法では，実務上，特に労働時間，休日・休暇，懲戒に関する各論点が重要である。

解　説

① 労働関係法令の遵守

　企業（使用者）と従業員（労働者）との雇用関係，すなわち労働契約は，本来，労働者と使用者とが対等な立場に立って決定すべきものです。しかし，自分の労働力を会社に提供して生活する労働者は，使用者と比べ弱い地位にあるため，さまざまな労働法によって労働者の権利が保障されています。

　労働法のなかで，人権保護規定や労働条件の最低条件など，雇用の基本的ルールを定めたのが労働基準法（労基法）です。労基法上，常時 10 人以上の労働者を使用する使用者は，就業規則を作成し，所轄の労働基準監督署長に届け出なければなりません（同法 89 条 1 項）。また，使用者には，就業規則を，常時各作業場の見やすい場所に掲示し，または備え付けるなどして，労働者に周知することが義務づけられています（労基法 106 条 1 項）。

　就業規則には，必ず記載すべき絶対的記載事項として，労働時間，休日・休暇，賃金，退職・解雇[1]に関する事項などがあり，そのほかにも，定めた場合には記載しなければならない相対的記載事項があります。就業規則には法的規範性があり[2]，労働法令に反してはならず（労基法 92 条 1 項），それに違反する就業規則の定めは無効となります。

　要するに，労働法とは，会社が絶対に遵守しなければならないものなのです。コンプライアンス経営において，企業は，労働法を遵守し，働きやすい健康な職場環境に維持に努めなければなりません。

　企業の事業運営は，各職場で働く労働者がその内容を左右します。労働者の有する能力を十分に発揮できるか否かが，企業にとっての重要な課題です。その意味で，職場の安全と健康の確保は，事業活動に不可欠な要素となります。したがって，企業としては，それらを最優先とし，労働安全衛生法などの労働関係法令を遵守しなければなりません。万が一，業務上の災害が発生した場合には，事故を最小限にとどめ，その再発を防止する必要があります。

　過労死認定が増加している昨今，企業としては，過度な労働や残業などを強いるような業務の押しつけをしてはなりませんし，また，労働者の心身の健康状態を常に注意しておくことが求められます。

　働き方改革関連法も，順次施行されています。たとえば，2020 年 4 月からは，同一企業内において，正規雇用労働者と非正規雇用労働者（パートタイム労働者，有期雇用労働者，派遣労働者）の間で，基本給や賞与などの個々の待遇ごとに不合理な待遇差が禁止されています（正規・非正規雇用労働者間の不合理な待遇差の禁止）。

　労働法を遵守することは，労働問題訴訟などの法的リスクを回避するばかりでなく，有能な人材を確保するためにも重要なことです。

---

1)　解雇権濫用の法理（労働契約法 16 条）に関し，最判昭 52 年 1 月 31 日集民 120 号 23 頁（高知放送事件）。

2)　最大判昭 43 年 12 月 25 日民集 22 巻 13 号 3459 頁。

② 労働時間の管理

(1) 労働時間とは

「労働時間」とは，労働者が使用者の指揮命令下に置かれている時間をいいます[3]。使用者は労働時間に対して賃金を支払うことを義務づけられますから，労働時間を「賃金の支払義務が発生する時間」と言い換えることができます。

労働時間に該当するか否かは，就業規則や雇用契約書にどのように記載されているかにかかわらず，労働者が使用者の指揮命令下におかれていたか否かによって判断されます。たとえば，就業規則で午前9時始業と定められていたとしても，実際には，始業前の朝礼で午前8時半から会社の指揮命令下にあったといえる状況ならば，午前8時半からが労働時間に該当します。

また，「所定労働時間」とは，いわゆる定時（就業規則・雇用契約書に定められた始業時刻から終業時刻までの時間のうち，休憩時間を除く時間）のことです。

(2) 労働時間の法規制

労基法は，労働者に人間らしい生活を保障するため，1日8時間，かつ1週40時間という所定労働時間の上限を規制しています。これを「法定労働時間」といい，使用者は，この時間を超えて労働者を働かせてはなりません（労基法32条）。

ただし，①管理監督者については所定労働時間についての規制が適用されず，②従業員数が常時10人未満の特例措置対象事業場では所定労働時間を1週間44時間まで設定でき，③変形労働時間制を採用した場合には，1日8時間や1週40時間を超えて所定労働時間とすることが許容される，などの例外があります。

(3) 時間外労働・休日労働

所定労働時間を超えれば仕事をさせることができないわけではなく，所定労

---

3) 最判平12年3月9日民集54巻3号801頁（三菱重工長崎造船事件）。

働時間を超える労働は，いわゆる残業として行わせることになります。

1日8時間まで，または1週間40時間までを超える労働を「時間外労働」といい，法定休日の労働を「休日労働」といいます。時間外労働または休日労働をさせたときは，割増賃金を支払わなければいけません（労基法37条）。

労基法36条は，時間外労働・休日労働のあるすべての事業所について，労使協定の締結を義務づけています。企業は，従業員の過半数代表あるいは従業員の過半数が加入する労働組合との間で，時間外労働や休日労働の上限時間等を定める労使協定（36協定）を締結しなければ，従業員に時間外労働・休日労働をさせることができません。また，36協定を締結したときは，労働基準監督署に提出して届出をすることも義務づけられています。

この点に関し，働き方改革関連法では，時間外労働の上限についても，月45時間，年360時間を原則とし，臨時的な特別な事情がある場合でも年720時間，単月100時間未満（休日労働含む），複数月平均80時間（休日労働含む）を限度に設定する必要があります（時間外労働の上限規制の導入）。

(4)　安全配慮義務，労働時間の把握義務

使用者は，長時間労働になっている労働者に対して安全配慮義務を負います。具体的には，①従業員への通知義務（安全衛生規則52条の2第3項），②医師による面接指導の義務（安全衛生法66条の8），③労働時間の短縮などの措置を講じる義務（同法66条の8）です。

また，使用者には労働時間を客観的方法で把握する義務があります（安全衛生法66条の8の3，安全衛生規則52条の7の3）。働き方改革関連法により，一般従業員はもちろん，管理職や営業職，裁量労働制対象者，事業場外みなし労働制の対象者も含めて，労働時間の状況の把握が義務づけられています。労働時間の状況の把握は，原則として，タイムカードやパソコン使用時間の記録などの客観的方法で行わなければなりません。労働時間の記録は3年間保管する必要があります。

(1) 休日とは

毎週少なくとも1回の休日を与えなければなりません（労基法35条1項）。これを「法定休日」といいます。

法定休日に対し，会社が就業規則等により定めた休日が「所定休日」です。所定休日は，法定休日の日数を下回ることはできませんが，法定日数以上であれば任意に定めることができます。法定休日も所定休日も，原則として労働者は働く義務がなく，使用者は労働者を働かせることはできません。

(2) 休暇と休日の異同

他方，休暇とは，労働者が労働する義務がある日に，使用者がその労働義務を免除する日のことです。

休暇には，法律上一定の要件を満たす場合，必ず付与する必要がある「法定休暇」と，就業規則等に基づいて任意付与する「任意（特別）休暇」があります。このうち，法定休暇には，年次有給休暇，育児休業，介護休業，看護休暇などが含まれます。

(3) 有給休暇

使用者は，条件を満たした全労働者に対して，毎年一定の有給休暇を付与することが労基法によって義務づけられています（労基法39条）。

この有給休暇付与の条件とは，①雇入れの日から起算して，6か月間継続勤務していること，②その6か月間の全労働日の8割以上出勤していること，の二つです。有給休暇を取得できるのは，正規従業員だけに限りません。上記の条件を満たせば，契約社員・パートタイマー・アルバイトなどの非正規従業員にも付与されます。また，有給休暇の付与日数は，労働者の雇用形態・状況・勤続年数に応じて変動します。

有給休暇は，労働者の権利ですから，原則として労働者が希望する時期に与えなければなりません。ただし，例外として企業が「時季変更権」を行使する

ことができる場合もあります。時季変更権とは，「客観的に見て，有給を取得
されると事業運営が成り立たない場合に，申請された有給休暇の時期を変更す
ることができる」というものです。これが認められるのは，年度末の業務繁忙
期に有給休暇の請求があったような場合や，同じ時期に請求が集中したような
場合などに限られるので注意が必要です。

　なお，働き方改革関連法により，使用者は，10 日以上の年次有給休暇が付
与される全ての労働者に対し，毎年 5 日，時季を指定して有給休暇を与える必
要があります（年次有給休暇の確実な取得）。違反した場合には，使用者に 30 万
円以下の罰金が科せられます。

④　懲戒

(1)　懲戒処分の目的

　懲戒処分とは，使用者が労働者の企業秩序違反行為に対して課す制裁です。
企業が従業員の問題行動に対して，正式に（人事権行使の一環として）罰を与え
るものです[4]。いわば「伝家の宝刀」ですから，抜かないことに意味があると
はいえ，企業法務の担当者としては，万一のときには，いつでも抜けるように
日ごろからの準備を怠ってはなりません。

　懲戒処分の主な目的は，企業秩序の維持にあります。そして，問題行動を起
こした労働者本人にのみならず，組織全員を啓発するものであることを意識し
ておかなければなりません。懲戒権の適切な行使は，企業組織の一体性や規律
性を向上させる効果があることにも留意する必要があるのです。

(2)　懲戒の種類

　懲戒処分の種類には，処分が軽いものから順に，文書で指導する処分（戒
告・譴責・訓戒），給与を減額する処分（減給）[5]，一定期間の出勤を禁じ，その

---

　4)　懲戒権の根拠について，最判昭 58 年 9 月 8 日判時 1094 号 121 頁（関西電力事件）。
　5)　減給は，1 回の額が 1 日分の半額を超えてはならないし，総額が月次給与総額の 10 分の 1 を
　　超えてはならない（労基法 91 条）。

期間の給与を無給とする処分（出勤停止），役職や資格を下位のものに引き下げる処分（降格），退職届の提出を勧告し，退職届を提出しない場合は懲戒解雇するという処分（諭旨解雇・諭旨退職），解雇する処分（懲戒解雇）があります。

(3) 懲戒と就業規則

懲戒処分には，就業規則の根拠が必要です[6]。就業規則で規定した懲戒事由に該当した場合に，記載された種類の処分に限り，懲戒権を行使できます（労基法89条9号参照）。就業規則に記載のない理由で労働者に懲戒処分をした場合，仮に訴訟を提起されれば，その処分は無効と判断されます。

就業規則には，懲戒処分となる理由（懲戒事由）と懲戒権を行使するための手続（懲戒手続）が定められます。懲戒事由について，就業規則には様々に表現しますが，要するに，企業組織の秩序を乱した場合か，企業の対外的信用を害した場合には，懲戒権を発動できるということになります。

懲戒手続については，企業によって若干の違いもありますから，自社の手続規定を確認しておくことが肝要です（適正手続の原則）。この点，刃物をもって社長の腹部を刺し重症を負わせた従業員に対する懲戒解雇が，解雇協議約款の定めを守らなかったという手続上の不手際で無効とされた裁判例があります[7]。

(4) 懲戒に際しての留意点

懲戒処分に際しては，何点かの留意すべき事項があります。

1回の問題行動に対して2回の懲戒処分を行うことはできません（一事不再理）。ただし，懲戒歴について，後日の他の懲戒処分に当たっての情状としてある程度考慮することは，認められると解されています。

懲戒処分が問題行動の内容と比較して重すぎてはなりません（相当性の原則）。たとえば，当初より「懲戒解雇ありき」との結論ではなく，その違反行為に順次軽い処分を適用できないかを検討していき，やはり懲戒解雇しかないという

---

6) 最判昭54年10月30日民集33巻6号647頁（国鉄札幌運転区事件），最判平15年10月10日労判861号5頁（フジ興産事件事件）。

7) 大阪地決昭47年7月12日判例集未登載（大栄運輸事件）。

ような判断をするのが原則でしょう。

　実務的に悩ましいのは，どのような懲戒処分を具体的に選択すればよいのかの判断です。ケース・バイ・ケースではありますが，たとえば，業務上の横領や着服，14日以上の無断欠勤，強制わいせつに該当するような重大なセクハラなどの事例では，諭旨解雇・懲戒解雇が選択できるものと解されます。

5　労災の基礎知識

(1)　労働災害

　労働災害（労災）とは，労働者の業務上の負傷・疾病・障害・死亡のことです。

　労災を大別すれば，①本来の業務上の災害（業務災害）と，②通勤途上の災害（通勤災害）の二つがあります。たとえば，前者では業務上の事故が，後者は通勤中の負傷などです。また，いわゆる過労死や過労自死も，①の労災に含まれます。そして，使用者は，労働者の療養費を負担したり，労働者が働けず賃金を得られない場合に休業補償を行うことが義務づけられています（労基法75条・76条）。

　ただし，使用者に支払能力がない場合などに備えて，労働者災害補償保険（労災保険）という仕組みがあります。

(2)　労災保険

　労災保険は，全国の事業者がお互いに保険料を出し合い，労災発生時に，国が事業主に代わって労働者に必要な補償などを行う公的な保険制度です。労働者（パートタイマーやアルバイトを含む）を1人でも雇用している事業主は，業種や規模に関わらず，労災保険への加入し，保険料を納付することが義務づけられます。

　業務災害の場合，労災給付を受けるためには，①労働者が労働契約に基づき使用者の支配下にあること（業務遂行性），②使用者の支配下にあることに伴う危険が現実化したものと認められること（業務起因性）の二つの要件が必要で

す。特に過労死・過労自死の事案では，この業務起因性が問題とされる場合が少なくありません。

　また，通勤災害と認定されるためには，①就業に関し，住居と就業の場所との間を往復すること（業務と密接な関連性をもって行われる往復行為），②その往復が合理的な経路および方法によるものであること，が必要とされています。

　なお，労災給付の請求には時効がありますので（療養補償・休業補償・葬祭料は2年，障害補償・遺族補償は5年），注意が必要です。

> **発展課題**
> ☑ 多様なワーク・ライフ・バランスの実現に向けて，企業法務の取り組むべき事柄を検討してみよう。
> ☑ アフターコロナを見据えて，人事・労務対応や就業規則の見直し項目を整理してみよう。

ハラスメント，集団的労使関係

【Case】

　甲社において，厳しい営業展開を進めるうち，Y課長は，特に部下Xの売上実績が不振であることに気をもんでいた。そこで，Yは，Xに対して，「お前の代わりなんかいくらでもいるんだ。販売目標が達成できないときには，退職届を出すくらいの気持ちで仕事をしろ！」と連日のように叱咤激励した。Xは，これをパワー・ハラスメントと受け止めたようだが，Yとしては，課長職には組織目標達成のための義務と権限が与えられているし，自分が若いころのことを思い浮かべて，「昔は部下を怒鳴りつけるのも，土下座させるのも，胸を小突くのも『教育』だった」と考えていた。

　ある日突然，Xおよび甲社のパートタイマー数人が「ワーキング・ネットワーク・ユニオン」という名の労働組合に加入したといい，あとは見知らぬ連中が大挙して本社に押しかけ，「甲社のパワハラ体質が問題だ」などと口々に訴え，即日団体交渉に応じるよう要求してきた。甲社の総務課長Zが，その場しのぎの曖昧な対応をしていたところ，「団交拒否は不当労働行為だ！」，「いますぐ社長を出せ！」と騒がれ，はては「今日ここに来た記録のためである」などといって，「労働条件は，当労働組合と会社が，対等の立場で協議し決定しなければならない」と書かれた1枚の紙に社長印を押させようとする。Z課長が捺印を躊躇していると，「これは労働基準法2条の文言のとおりじゃないか」，「この会社は労基法違反をするのか」，「労基署に訴えるぞ！」などと口々に怒鳴られ，困り果てたZは，結局この書面に社長印を押すこととなった。

本講のポイント

▶ パワハラ対応の難しさは，教育指導・叱咤激励とハラスメントとの分水嶺が不明なことにある。

▶ 職場でハラスメントの情報が入った場合，何よりも重要なのは，決して問題を先送りにしないことである。

▶ 労働組合に対しては，あくまで冷静に紳士的に対応することを忘れてはならない。

解　説

[1]　ハラスメント

(1)　差別禁止とハラスメント

　使用者は，労働者の国籍，信条，社会的身分を理由として，労働条件について差別的取扱いをしてはならず（労基法3条），たとえば，労働者が女性であることを理由として，男性と賃金などの差別的取扱いをしてはなりません（同4条）。また，募集や採用時における性別による差別的取扱いが禁止されているほか（男女雇用機会均等法5条），性別によって，配置転換や昇格試験で差を設けたり（同6条），女性労働者を，婚姻・妊娠・出産を理由に解雇するなどしてもいけません（同9条）。

　従業員の基本的人権を尊重することは，コンプライアンス経営の基本です。したがって，出生，国籍，人種，民族，信条，宗教，社会的身分，社会的出身，性別，年齢，心身の障害の有無，趣味，学歴などに基づく非合理な差別を行ってはならないのです。このためには，いわゆるダイバーシティ（diversity）の視点が重要であり，役職員一人ひとりが人権問題について正しく理解し，差別の本質を認識できるよう，継続的な人権啓発に努めるべきです。ちなみに，ダイバーシティの本質とは，性別でも年齢でもなく，人間社会の多様性を承認し，これをもって社会全体を成長させる，そうした「視点のダイバーシティ」こそが本質だと思います。

　ところで，昨今では，職場のハラスメントが問題となっています。企業活動に関係するハラスメントには，セクシュアル・ハラスメント，パワー・ハラスメント，マタニティ・ハラスメント（妊娠・出産・育児に起因する嫌がらせ）といった代表的なもののほか，モラル・ハラスメント，ジェンダー・ハラスメント，アルコール・ハラスメント等々，30以上の種類が数えられています。

(2)　セクハラ

　1999年，男女雇用機会均等法の改正により，企業には，セクシャル・ハラスメント（セクハラ）について，雇用管理上の配慮義務が課されました。セク

ハラとは，職場における性的な言動に起因する問題のことです。これには，性的な言動に対する対応により女性労働者が解雇・配置転換など労働条件上の不利益を受ける「対価型」と，性的な言動により女性労働者の就業環境が害される「環境型」の両方を含みます。

　セクハラを行った当事者は，セクハラを受けた従業員等に対し，不法行為の加害者として損害賠償責任を負います（民法709条）。そして，セクハラを行った当事者の本件行為が，会社の業務と何らかの関係がある場面で行われたというときには，セクハラが会社の「事業の執行について」なされたものと認められ，会社も使用者責任を問われることとなります（民法715条）。また，当該当事者と，セクハラを受けた当事者の両者を監督すべき立場にある者が，セクハラを受けた当事者の訴えを受けたにもかかわらず，これに何らの対策も講じることなく放置したような場合にも，会社が職場環境を調整すべき義務に違反したとして，使用者責任を負うことがあり得ます。

　したがって，セクハラ防止のためには，雇用管理の方針を確立した上で，従業員に対する研修を実施し，コンプライアンス相談窓口（ヘルプライン）をセクハラ苦情処理機関としても機能させる必要があります。なお，企業としてのセクハラ対応に当たっては，厚生労働省のいわゆるセクハラ指針[1]も参考になるでしょう。

(3)　パワハラ

(a)　パワハラとは

　最近，特に職場で深刻なのが，パワー・ハラスメント（職場権限を使った嫌がらせ）です。そして，パワハラ対応の難しさは，Case前段のように，教育指導・叱咤激励とハラスメントとの分水嶺が不明なことにあります。

　2019年，改正労働施策総合推進法（旧雇用対策法）が成立し，2020年6月から施行されました。この法律は，企業・職場でのパワハラ防止を義務づけるものであるため，一般に「パワハラ防止法」と呼ばれています（本項では，以下

---

1)「事業主が職場における性的な言動に起因する問題に関して雇用管理上講ずべき措置等についての指針」（平成18年厚生労働省告示第615号）。

「法」)。これまで定義されにくかったパワハラの定義規定を置き，どのような言動がパワハラに当たるかについての指針も公表されました[2]。罰則規定はありませんが，必要があると認めるとき，厚生労働大臣は事業主に対して，助言・指導・勧告ができる仕組みになっています（法33条1項）。パワハラが常態化し，改善が見られない（事業主が勧告に従わない）企業では，企業名も公表されます（法33条2項）。

パワハラ防止法では，パワハラについて「職場において行われる優越的な関係を背景とした言動であって，業務上必要かつ相当な範囲を超えたもの」という規定が設けられました（法30条の2第1項）。この法律におけるパワハラの3要素とは，

① 優越的な関係（先輩と後輩，同僚間，部下から上司も含む）
② 業務上必要かつ相当な範囲を超えた言動（必要かつ相当であれば，該当しない）
③ 労働者の就業環境を害すること（客観的な被害）

です。

(b) パワハラ6類型の具体的内容

厚労省の指針では，パワハラを，①身体的攻撃，②精神的攻撃，③人間関係からの切り離し，④過大な要求，⑤過小な要求，⑥個の侵害，という典型的な6つに類型化し[3]，これらの類型ごとに具体的内容を例示しています。たとえば，①身体的攻撃（暴行・傷害）では，殴打・足蹴りを行う，相手に物を投げつけるなどはパワハラですが，誤ってぶつかることはパワハラに該当しないとされています。

②精神的な攻撃（脅迫・名誉棄損・侮辱・ひどい暴言）では，人格を否定するような言動を行うこと，他の労働者の面前における大声での威圧的な叱責を繰

---

2) 「事業主が職場における優越的な関係を背景とした言動に起因する問題に関して雇用管理上講ずべき措置等についての指針」（令和2年厚生労働省告示第5・6号）。

3) 東京地判平7年12月4日労判685号17頁（過小な要求），横浜地判平11年9月21日労判771号32頁（過大な要求），東京高判平17年4月20日労判914号82頁（精神的攻撃），名古屋地判平20年1月29日労判967号62頁（身体的攻撃），東京地判平20年11月11日労判982号81頁（精神的攻撃）では，いずれも不法行為による損害賠償責任を認めた。

り返し行うこと，業務の遂行に関する必要以上に長時間にわたる厳しい叱責を繰り返し行うこと，相手の能力を否定し，罵倒するような内容の電子メールを当該相手を含む複数の労働者宛てに送信すること，などはパワハラに当たります。これに対して，遅刻など社会的ルールやマナーを欠いた言動・行動が見られ，再三注意してもそれが改善されない労働者に対して一定程度強く注意をすることや，その企業の業務の内容や性質等に照らして重大な問題行動を行った労働者に対して，一定程度強く注意をすることは，パワハラにならないとしています。

　④過大な要求（業務上明らかに不要なことや遂行不可能なことの強制・仕事の妨害）では，労働者に業務とは関係のない私的な雑用の処理を強制的に行わせることはパワハラですが，労働者を育成するために現状よりも少し高いレベルの業務を任せることはパワハラに該当しないとされています。

　また，⑤過小な要求（業務上の合理性なく能力や経験とかけ離れた程度の低い仕事を命じることや仕事を与えないこと）では，管理職である労働者を退職させるため，誰でも遂行可能な業務を行わせることはパワハラに当たりますが，労働者の能力に応じて，一定程度業務内容や業務量を軽減することはパワハラにならないとしています。

　さらに，③人間関係からの切り離しでは，一人だけ別室に席を移されたり，強制的に自宅待機を命じられたり，送別会に出席させないなどが，また，⑥個の侵害では，交際相手について執拗に問うたり，家族に対する悪口を言ったりすることなどが問題となります。

(c)　ハラスメントの成否と対応策

　法的視点からハラスメントの成否を考えた場合，そのポイントは，損害賠償請求権が成立するか否かです。損害賠償請求権の発生 4 要件とは，①原因行為（人の作為・不作為），② 損害（その立証責任は請求者にあり），③因果関係（原因・結果の鎖），④帰責性（責任を問うのに相当な事実＝故意または過失）です（民法 709 条参照）。

　ただし，実務においては，その外延も重要であることに留意しなければなりません。

企業としても，暴力，罵声，誹謗中傷，威迫による業務の強制，いじめなどによる人権侵害行為の起きない職場環境を調整することが必要です。その具体的な対応策としては，①会社としての方針の明確化，②相談窓口の拡充，③迅速な対応がとれる組織体制の整備が挙げられます。この点，厚労省の指針でも，企業の防止策を明示し，就業規則や服務規定にパワハラを行ってはならない方針やパワハラにあたる内容を盛り込むことのほか，社内報やパンフレットの配布，研修・講習などを通じて周知することを求めています。相談窓口では，パワハラと複合的に生じることも想定される，セクハラなどの訴えにも一体的に応じられることが望ましいでしょう。

(d)　パワハラとならない教育指導・叱咤激励

　叱ること自体は，教育指導・叱咤激励の範囲内であれば，パワハラではありません。重要なのは，対象者の人格を否定しないことです。行為（play）を叱っても，行為者（player）を否定しないように努めなければなりません。

　また，仮に叱るとしても，組織・チームの目標を示しながら叱ることです。それから，自分のことを棚に上げて叱らないことも大切です。部下・後輩の立場からすれば，上司・先輩が自分のことを棚に上げて叱ることが，心理的に一番こたえるものです。さらに，できた分があるのであれば，正当に評価しましょう。たとえ平均以下であっても，「みんなの足を引っ張っているだけで，何もやっていないのと同じだ」といった表現は，第三者にパワハラと認定されやすい傾向があります。

　叱るに際して，「あいつは打たれ強いから」などと過信してはなりませんし，人前で晒し者にするような叱り方も禁物です。また，依怙贔屓せず，公平に叱ることは当然です。

　職場でハラスメントの情報が入った場合，何よりも重要なのは，決して問題を先送りにしないことです。可及的に速やかに双方の個別面談を実施し，そこから具体的な解決策を見出すことに努めましょう。

② 集団的労使関係

ハラスメントを放置した場合のワースト・シナリオの一つとして，Case 後段のような労働組合問題が発生する場合があります。

従来型の企業内組合ばかりでなく，昨今はいわゆる個人加入型労働組合の活動も活発です。個人型加入組合とは，特定の企業を基盤とするのではなく，地域や業種別に広く組合員を組織化する形態の組合です。したがって，もともと企業内に労働組合がなく，現業部門もほとんどが非正規従業員といった会社においても，突然に労働組合が結成されることはあり得ます。

労働組合を結成することは憲法上の権利であって（憲法28条），これを禁止したり，妨害したりすることは許されません。会社としても，慌てずに落ち着いて対応することが肝要です。

まずは，組合結成の原因を分析したり，組合の規約，構成メンバー，代表者など，組合組織に関して調査しなければなりません。次に，交渉の窓口を一つに決めておく必要があります。最終的な意思決定権限をもつ代表者（社長）が直接窓口にならないことは当然ですが，総務部長・課長などに担当窓口を一本化しておくべきでしょう。いずれにしても，団体交渉（団交）に臨むには十分な準備期間が必要です。

確かに，「労働者の代表者と団体交渉をすることを正当な理由がなくて拒むこと」は，不当労働行為として禁止されています（労働組合法7条2号）。しかし，合理的な準備期間（概ね1か月程度）を設けることは，「正当な理由がなくて拒むこと」になりません。したがって，突然の団交要求に対して，即座に応じる必要はないのです。慌てずに団交の準備期間を設けるようにしましょう。

なお，労働組合法上の不当労働行為とは，不利益的取扱い（労働組合法7条1号・4号），団交拒否（同条2号），支配介入（同3号）の3類型だけです。「不当労働行為だ」という発言に対して，不必要に怖れることはありません。

また，相手方が提示した文書には，軽々に署名押印すべきではありません。労使の代表者が署名押印したものは，題名のいかんにかかわらず，「労働協約」として成立してしまいます。Case では，「労働条件は，当労働組合と会社が，

対等の立場で協議し決定しなければならない」と書かれた文書を提示されており，相手方は「これは労働基準法2条の文言のとおりじゃないか」と発言していますが，法律の条文は，「労働条件は，労働者と使用者が，対等の立場において決定すべきものである」と定められているのであって，決して「決定しなければならない」と書いてあるわけではありません。この文書に押印すれば，同意約款・協議約款と呼ばれる労働協約が成立してしまいます。文書の内容をよく吟味せずに協約が成立してしまうと，後々取返しのつかないことにもなりかねません。労働組合から提示された文書には細心の注意が必要です。

　労働組合に対しては，あくまで冷静に紳士的に対応することを忘れてはなりません。

発展課題

☑ ハラスメントのない職場風土づくりのために，どのような具体的対応策があるのかを検討してみよう。

消費者対応

【Case】

　Y社は，ホテルを経営している。このホテルの直営レストランで，ウエイターが宿泊客であるXにスープをこぼしてしまい，Xの手に軽度の火傷（加療1週間程度）を負わせた上，着用していたジャケットにもシミを付けてしまった。

　Xは，「Y社に損害賠償を請求する。特に火傷で働けないから，1か月分の休業補償をしてほしい。また，このジャケットは英国製の高級品で，50万円もするものであり，シミの付いたものは着られないから新調すべきだ」などと主張している。

　また，本件当日，立腹したXは，ホテルの接客担当者に「お前では話にならない。Y社の社長が自宅に来て土下座しろ。今回のミスは，知人の政治家を通じて監督官庁に報告するし，マスコミにも公表する」などと発言していた。翌日からは，Y社の本社各部署に長時間のクレーム電話を執拗にかけたり，SNS上に「Y社は客に怪我をさせても謝らない」といった記事を掲載したりしている。

本講のポイント

▶ 消費者契約においては，当事者双方がwin-winの関係となるような姿勢により，法的リスクを回避できる。

▶ 消費者契約法は，消費者契約について，不当な勧誘による契約の取消と不当な契約条項の無効などを規定する。

▶ 特定商取引法では，訪問販売・通信販売・連鎖販売取引などに関する消費者保護を図っている。

▶ 顧客からのクレームに際しては，相手方の主張を冷静に分析する姿勢が重要である。

解　説

1　消費者保護法制

(1)　消費者・顧客との関係

　企業は，顧客・消費者に対しても，その利益をいかに反映させるかという課題を負っています。日本経団連「企業行動憲章」においても，消費者・ユーザーの信頼獲得を強調しており[1]，コンプライアンス経営では，消費者保護，顧客満足ということに意を尽くさなければなりません。とくに昨今では，消費者の企業を見る眼も厳しくなっていますし，消費者が司法の力によって自らの権利を守るために必要な消費者保護法制も整備されつつあります。たとえば，消費者契約法・景品表示法・特定商取引法・食品表示法では，悪徳商法などによる消費者被害があった場合，直接の被害者に代わって消費者団体が訴訟を提起することのできる「消費者団体訴訟制度」も施行されています。

　消費者・顧客の要望や意見を正しく把握するためには，窓口の整備を図り，カスタマー・サポート部門を拡充することです。窓口の存在と連絡先（電話番号，メールアドレス）を，商品やパンフレットなどに表示し周知すべきでしょう。

　情報通信技術の進展によりオンライン取引が普及し，デジタル・プラットフォーム事業者の関与も増加するなど，消費者契約をめぐる環境は日々変化していることから，消費者保護法制の改正に向けた検討も進んでいます。企業法務としても，こうした法改正の動向に注視していかなければなりません。

(2)　消費者契約法

　そもそも企業と消費者の間には，情報量や交渉力の格差が存在しています。この格差を是正するため，企業としては，契約条項の内容を消費者に理解できるよう平易で明快なものにし，契約を勧誘する際には，必要となる情報を提供し，消費者の理解を深める努力をしなければなりません。

---

[1]　企業行動憲章5項では，消費者・顧客との信頼関係について「消費者・顧客に対して，商品・サービスに関する適切な情報提供，誠実なコミュニケーションを行い，満足と信頼を獲得する」としている。

　消費者契約法は，消費者と事業者との間で締結される契約（消費者契約）すべてを規律します（同法 2 条 3 項）。消費者は，事業者が誠実に対応していなければ，契約締結後でも，これを取り消し，または無効にすることができるのです。

　消費者は，事業者が消費者契約の締結を勧誘するに際して，①重要事項について真実と反する事実を告げたこと（不実の告知），②将来における変動が不確実な事実について断定的な判断を提供したこと（断定的判断の提供），③消費者にとって有利となる事実は告げるが，不利益となる事実は故意に告げなかったこと（不利益事実の不告知）により，消費者が誤認して契約を締結した場合には，これを取り消すことができます（消費者契約法 4 条）。たとえば，「（まだ必要ないのに）ガス器具の交換が必要だ」というような不実の告知，「フランチャイズ契約で必ず儲かる」といった断定的判断の提供，隣に高層ビルが建設されるのを知っていながら「日当たり良し」と広告してマンションを販売するような不利益事実の不告知では，消費者が契約そのものを取り消すことができるのです。

　また，消費者契約では，①事業者の債務不履行や不法行為に基づく損害賠償責任を全部免除する条項（消費者契約法 8 条 1 項 1 号・3 号），②事業者の故意または重過失による損害賠償責任を一部免除する条項（同項 2 号・4 号），③契約不適合責任の全部を免除する条項（同 2 項）などは無効です。したがって，契約上「当社は，本契約から生じた一切の責任を負いません」，「当社が故意または重過失によって損害賠償責任を負う場合には，受領した金額を限度として責任を負います」など，消費者が一方的に不利になるような条項を定めていると，消費者から無効を主張されることがあります。

　2016 年と 2018 年には，①不実告知の取消しに関する重要事項の拡大（動機部分に関する事由が付加），②過量契約取消規定（つけ込み型不当勧誘行為の過量販売・次々販売に関する取消権）の新設，③消費者取消権の行使期間の伸長（6 か月から 1 年間へ），④取消しの効果規定の新設，⑤法定解除権排除条項を無効とする不当条項規定の新設などの改正がされています。

　そもそもビジネスとは，基本的に公平・公正な取引であることが前提です。

コンプライアンス経営においては，契約当事者お互いが win-win の関係となれるような営業姿勢こそ，売上を伸ばすだけではなく，法的リスクを回避する上でも必要でしょう。

(3) 特定商取引法

　営業担当者が消費者を訪問して商品を売る訪問販売の市場規模は，1 兆円を超えるといわれています。これら訪問販売（キャッチセールス，アポイントメントセールスを含む）は，対面的な店舗販売と異なり，もともと購入するつもりのなかった消費者を契約締結に勧誘するものですから，トラブルになりがちです。各種の悪徳商法が社会問題化する中，特定商取引に関する法律（特定商取引法。以下，「特商法」）では，訪問販売や通信販売，連鎖販売取引（マルチ商法）などに関して消費者の保護を図っています。

　特商法が適用される販売形態では，事業者の氏名または名称，住所および電話番号などを明示しなければなりません（特商法 3 条・16 条・33 条の 2・51 条の 2・58 条の 5）。したがって，訪問販売に際し，たんに「調査に来た」などと告げて販売勧誘を行う行為は違法です。また，価格・支払条件などの不実告知（虚偽の説明）や故意の不告知を禁止したり，消費者を威迫して困惑させたりする勧誘行為を禁ずるとともに（不当な勧誘行為の禁止），事業者が広告をする際には，重要事項を表示することを義務づけ，虚偽・誇大な広告も禁止しています（広告規制）。さらに，契約の締結時などに，重要事項を記載した書面を交付することを事業者に義務づけています（書面交付義務）。なお，特商法の違反行為は，業務改善の指示や業務停止命令・業務禁止命令の行政処分，または罰則の対象になります（特商法 70 条～76 条）。

　訪問販売や電話勧誘販売などでは，特商法上，クーリング・オフの制度が認められています（特商法 9 条・24 条・40 条の 3・49 条の 2・58 条の 2・58 条の 14）。ただし，通信販売においては，この制度の適用はありません。クーリング・オフとは，契約締結後一定の期間に限り，理由のいかんを問わず契約の解除を認めるものです。特商法の指定商品に該当するときは，売主はあらかじめクーリング・オフがあることを買主に説明し，その旨の書面を交付しなければならず，

買主は，この書面を受け取ってから 8 日以内であれば（訪問販売・電話勧誘販売・特定継続的役務提供[2]・訪問購入の場合。ただし，連鎖販売取引・業務提供誘引販売取引[3] は 20 日間），理由のいかんを問わず書面で契約を解除できます。特商法のクーリング・オフ制度は，一部の商品を除いて大半がその対象となるので，注意が必要です。ちなみに，割賦販売法（同法 35 条の 3 の 10 〜 35 条の 3 の 12）や宅地建物取引業法（同法 37 条の 2）などにも，クーリング・オフ制度が規定されています。

特商法は，事業者が不実告知や故意の不告知を行った結果，消費者が誤認し，契約の申込みまたはその承諾の意思表示をしたときには，消費者が，その意思表示を取り消すことを認め（意思表示の取消し），消費者が中途解約する際など，事業者が請求できる損害賠償額に上限も設定しています（損害賠償等の額の制限）。

近年では，高齢者に対する被害が深刻化し，次々販売や，しつこい勧誘を断りきれないまま，大量の購入契約を結ばされるケースや，悪質な勧誘販売を助長するクレジット会社の不適切な与信・過剰与信の事例が多発しています。また，インターネットでの通信販売においては，返品を巡ってのトラブルや，迷惑メール，クレジットカード情報の漏えいなどの問題が後を絶ちません。さらには，貴金属等を中心に，主に高齢者や女性を狙った訪問購入による被害が急増及び深刻化しています。こうした状況を背景に，最近も度々改正されています。

(4)　製造物責任法

製造物責任（PL, Product Liability）法（以下，「PL 法」）は，製造物の欠陥により，人の生命，身体または財産に関わる被害が生じた場合，その製造業者などが損害賠償責任を負うと定めたものです（PL 法 1 条）[4]。PL 法では，被害者

---

2) 特定継続的役務提供とは，エステティック，美容医療，語学教室，家庭教師，学習塾，パソコン教室，結婚相手紹介サービスである（特商法 41 条，施行令 11 条・12 条・別表第 4）。

3) 業務提供誘引販売取引には，内職商法，モニター商法が含まれる（特商法 51 条）。

4) 製造物責任とは，米国判例の蓄積によって発達してきた概念であり，その責任原因としては，

の立証責任が軽減され，メーカー側の過失を立証できなくても，製品の欠陥を立証すれば，損害賠償を請求できます（PL法3条）。たとえば，メーカーからディーラーを通じて販売された製造物に欠陥があった場合，消費者等が損害を被ったときに，自分が買った売主のディーラーではなく，メーカーに直接の賠償責任を負わせることができるわけです。その意味から，PL法もまた，消費者保護に関する法律ということができます。

　PL法の欠陥には，①製造上の欠陥（製造物が設計・仕様と異なる），②設計上の欠陥（設計自体に問題がある），③指示・警告上の欠陥（適切な指示をしないために生じた欠陥）の3類型があります。

　また，PL責任を負うのは，製造業者，加工業者，輸入業者，表示製造業者，実質的製造業者です（PL法2条3項・3条）。表示製造業者とは，実際に製造した者ではないが，その製造物に製造者として，氏名・商号・ブラント等を表示した者をいいます。これに対して，実質的製造業者とは，他の事情からみて実質的な製造業者と認められることです。したがって，PL法では，原則として，販売業者，賃貸・リース事業者は責任主体となりません。ただし，設計や製造に指示を与えるなど，製造に深く関与している場合には，実質的製造業者として，責任の主体となり得るでしょう。

　PL法に対する企業側の予防策としては，製品の安全性を向上させることが最も重要です。設計・生産・検査・営業の各部門で，製品に対する安全性を徹底的に分析する作業が必要となります。また，消費者側にとって，指示・警告上の欠陥は，設計上・製造上の欠陥よりも立証しやすい傾向があります。これを未然に防止するためにも，製品取扱説明書や警告表示は，絵や記号などを使用するなど，適切かつ理解しやすいものを添えるように心がけることです。

　訴訟対策の一環としては，製品の企画書・設計図，部品の仕入先，当時の客観的な技術水準データなどの文書管理には万全を期しておきたいものです。もし，製品事故が消費者や消費者センターなどから連絡されてきた場合には，迅速な処理が求められます。まずは被害の事実関係を調査し，事故が広がらない

<hr>

　①過失責任（negligence），②保証責任（breach of warranty），③厳格責任（strict liability）の三つがある。菅原「航空機製造物責任」藤田勝利編『新航空法講義』（信山社，2007）240頁参照。

ための対策を講じなければなりません。万が一のためには，製造物賠償責任保険による事前のリスク・ヘッジが必要でしょう。

②　顧客からのクレーム

(1)　Case の検討

　Case 前段は，付随義務違反とか積極的債権侵害などと呼ばれる事例です。契約の当事者は，信義則上，本来の契約の履行のほかに，当事者の意思や取引慣行からして契約に当然に付随する義務を負い，その義務に違反したときは債務不履行の責任を負うという考え方です。安全配慮義務も同じような構造でしょう。

　これを Case にあてはめてみると，Y社としては，レストランで食事などを出すときに，顧客にケガをさせないように配慮すべき義務があるといえます。この場合，加害者である Y社の側で，自らに過失がないことを主張・立証しない限り，損害賠償の責任を免れることは難しいということになります。

　このような顧客とのトラブルでは，なるべく話合いによる平和的解決を優先すべきです。誠意をもって交渉し，示談が成立するように努めなければなりません。ただし，誠意をもって示談交渉に臨むといっても，ひたすらに平身低頭するだけといった無手勝流ではあってはなりません。

　示談交渉の前提として，まずは法律的な損害賠償責任の範囲を確定しておく必要があります。そして，事前に適正な示談金額の幅（示談相場）を調査しておき，「落としどころ」を決めておきたいものです。過小な回答は，かえって問題解決を遅らせてしまうからです。Case の X に対しては，火傷の治療費，通院交通費，適正額の慰謝料（加療1週間程度の軽傷ならば，数千円から数万円程度の見舞金が相場）のほか，休業損害も相当因果関係の範囲内にあれば対象となります。ただし，ここで注意すべきなのは，顧客の言いがかり的な過大要求にまで応じてはならないということです。確かに，企業の側としても，「お客様だから」，「サービス業だから」という意識があって，交渉の切り先も鈍りがちです。だからこそ，顧客の主張を冷静に分析する姿勢が重要なのです。

そもそも損害の発生と損害額については，請求者の側で証明する必要があります。たとえば，Caseのような軽度の火傷では，（細かく手先を使うような特殊業務に従事しているならばともかく）通常は就業可能と考えられます。医師の就労不能証明書や勤務先の休業証明書が提出されたというような場合でない限り，1か月もの休業補償まで責任はありません。また，衣類の汚損についても，クリーニング費用相当額の賠償で足りるはずです。ジャケットの汚れがひどくて使用不能と判断されるような場合に限って，その賠償を検討すればいいでしょう。

　以上の事前準備をした上で，誠意をもって交渉し，示談が成立するように努めることです。示談交渉の結果，ある合意に達したときには，その内容を「示談書」の形で書面化しておかなければなりません。

　基本的には，「お客様からの貴重なご意見・ご指導を承る」という姿勢が重要です。耳に痛い意見こそ，企業にとってはサービス向上の糧になります。「苦情をいわれないような企業は，消費者から見放されたのも同然である」と考えましょう。また，クレームを上手に対応することによって，その顧客が企業の大ファンになってくれることも往々にしてあります。「災い転じて福となす」との故事ではありませんが，顧客拡大のための絶好の機会だというつもりで，このような苦情には真摯に対応すべきです。

(2)　悪質クレーマー対策

　消費者のなかには，「責任者が土下座しろ」，「裁判に訴える」，「監督官庁に報告する」，「マスコミに公表する」などと声高にいう者もいますが，こうしたトラブル客の常套句をむやみに怖れないことです。そのためにも，このような常套句への対応を事前に用意しておくことです。たとえば，よく「裁判に訴える」といいますが，必要以上に訴訟提起を嫌悪してはなりません。ほとんどの場合は裁判になったりしませんし，仮に訴えが提起されたとしても，当方の主張に正しい部分があるのであれば，堂々と受けて立てばよいのです。

　また，トラブルが高じたときには，会社上層部や監督官庁などに対して，事前にていねいな報告・説明をしておきます。迅速かつ正確な報告さえしておけ

ば，「社長に直訴する」とか「監督官庁に指導してもらう」といった類いの発言に困惑することはありません。いわば先手を打つのです。

　「マスコミに公表する」などといっても，一般消費者がマス・メディアにアクセスすることは難しいでしょうし，その多くは威嚇に過ぎません。「お客様の『表現の自由』の問題でございますから」と割り切って鷹揚に構えておけば足ります。

　わずかなミスを過大にとりあげ，手当たり次第に各部署へ執拗に電話を繰り返したり，SNS 上に企業や従業員に対する誹謗中傷まがいの文章を載せるといった事例が増えています。不正義に譲歩する謂れはありません。相手方の行為が不当・違法なもの（業務妨害，名誉毀損など）であれば，毅然とした態度で臨む必要があります。

　ポイントは，聴くべきところは聴き，謝るべきところは謝り，しかし，主張すべきところは堂々と主張することです。たとえば，内容証明郵便をもって，不当・違法な行為の中止を求めるという方法もあります。また，交渉の経緯などは正確にレポートし，証拠化しておくことが重要です。

発展課題

☑ 消費者契約をめぐる環境変化が自社の事業活動にいかなる影響を与えるのかについて，企業法務の視点から整理してみよう。

贈賄防止，インサイダー取引，
その他の法務リスク

【Case】
　中南米への新たな市場開拓のため，現地の事情に詳しく，また各国の有力者
とも人脈を有するエージェントに新規市場参入の着手作業を依頼した。そのエ
ージェントからは，不明確な内容に対する報酬や，過大と思われるような額の
報酬を請求されることもあり，その際には指定された米国内の銀行口座を経由
して現地通貨による支払を行っていた。

本講のポイント

▶ 外国公務員に対する贈賄行為の規制については，カルテルと並んで，十分な注意
が必要である。
▶ 特に米国の海外腐敗行為防止法は，制裁が厳しいばかりでなく，米国以外で発生
した贈賄行為についても域外適用される特徴もある。

解　説

① 贈賄防止

(1)　外国公務員への贈賄行為

　近年，カルテルと並んで，外国公務員に対する贈賄行為の規制に細心の注意
が必要です。

　特に米国では，海外腐敗行為防止法（FCPA）の執行を強化しており，同法
に違反して外国公務員に贈賄した企業に対し，数十億円から数百億円もの罰金
を課すケースが相次いでいます[1]。また，贈賄に関わった役職員個人に対して

---

1) ベーカー＆マッケンジー法律事務所（外国法共同事業）＝デロイトトーマツファイナンシャル
アドバイザリー株式会社フォレンジックサービス編『海外進出企業の贈賄リスク対応の実務―米
国 FCPA からアジア諸国の関連法まで』（中央経済社，2013）307 頁。

も, 多額の罰金とともに, 当該役職員を逮捕・収監するケースも増加傾向にあります。

FCPA の特徴は, 米国以外で発生した贈賄行為についても域外適用されることにあり, すでに日本の著名な企業も執行の対象となっています。その他, 英国の贈収賄防止法, 日本の不正競争防止法など, 米国以外の各国も贈賄防止法を制定し, 執行している点にも留意しなければなりません。特にアジア地域においては, 未だに汚職リスクが高い国が多いという現実があります。

(2) 贈賄による企業リスク

贈賄によって企業が受けるリスクには, ①懲役・禁固 (FCPA は 5 年以下の禁固刑, 日本では 5 年以下の懲役刑), ②罰金, ③取引停止 (政府機関との取引中断, 指名競争入札の指名停止の行政処分), ④その他 (事業からの撤退, ブランド価値の毀損など) があります。贈賄行為によって, 行為を行った本人だけでなく, 罰金やブランド価値の毀損など, 企業に対しても大きな損害を与える可能性があるのです。

特に米国司法省 (DOJ) は, 贈賄防止効果を高めるため, 企業に対して罰金を課すだけでなく, 地位の高い役職者に対して実刑 (禁固刑) を科すことを明確な方針としています。FCPA が米国の法律にもかかわらず, 米国以外の企業が多数摘発されており, 日本企業も含まれている点には注意が必要です。

(3) 贈賄行為の構成要件

米国 FCPA は,「上場企業, 国内企業, またはいかなる者であっても, 不正に, 外国公務員, 外国の政党, もしくは政治職の候補者に対して, 当該外国公務員等がその義務に反する行為をするよう影響を与える目的, または商取引を取得しもしくは維持するために, いかなる有価物であっても, その支払いをし, もしくはその申し出をするために, 国際通商における手段を利用してはならない」とします (15 U.S. Code §78dd-1 ～ 78dd-3)。

また, 英国の贈収賄防止法 (Bribery Act 2010) では,「外国公務員に対し, 当該外国公務員の公務に関して影響を与える目的で贈賄してはならない。さら

に贈賄者の目的は，（a）商取引もしくは（b）商取引の随行に関する利益を取得または維持するためでなくてはならない」と規定します（同法6条）。

この点，わが国の不正競争防止法18条1項では，「何人も，外国公務員等に対し，国際的な商取引に関して営業上の不正の利益を得るために，その外国公務員等に，その職務に関する行為をさせ若しくはさせないこと，又はその地位を利用してほかの外国公務員等にその職務に関する行為をさせ若しくはさせないようにあっせんをさせることを目的として，金銭その他の利益を供与し，又はその申込み若しくは約束をしてはならない」と定めています。

以上を整理するならば，贈賄行為の構成要件とは，

① 贈賄が（外国）公務員に対するものであること

② 営業上の不正な利益を得る目的であること

③ 直接または間接に，金銭その他の利益を供すること，またはその申込み，約束をすること，

の3点に要約できます。

これら構成要件のうち，特に実務的な注意をしなければならないのが，③の「間接に」，利益供与の「申込み，約束をする」場合です。

特にFCPAでは，実際に外国公務員に対して贈賄行為がなされなくても，供与する旨の申込みや約束を行った時点で違法と判断されます。また，賄賂の受領者が具体的に誰であるかを知らない場合であっても，贈賄に結び付く行為を社内で承認するだけで，違反行為とみなされます。たとえば，企業の役員が部下に対して，契約受注のために「賄賂を渡す必要のある者がいれば，その者に渡すように」という承認を行う場合なども，それが違反行為とされる可能性があり，十分な注意が必要です。

さらに，企業が契約を締結した代理人など，第三者による外国公務員への贈賄行為が，当局により多数摘発されています。たとえ企業側に贈賄の意図がない場合であっても，第三者が贈賄行為に及ぶ可能性が高いことを認識していれば，違法と判断されるのです。実務的には，第三者から，不明確な内容に対する報酬を請求される場合や，通常よりも過大な額の報酬を請求された場合には，その一部を贈賄に用いられる可能性が高いことも考慮に入れておくべきです。

(4)　FCPA の適用範囲について

　FCPA の特徴は，米国以外で発生した贈賄行為についても，広く域外適用されることにあります。このことから，すでに日本の著名な企業も執行の対象となっているのです。

　たとえば，米国ドルによる支払を行う，米国内の銀行口座を経由した他国通貨による支払を行う，贈賄を指示する内容のメールの受信者の一人に米国国内に所在する者が含まれる，贈賄に関する電話会議の参加者に米国国内に所在する者が含まれるなど，米国内において，FCPA 違反行為の一部を，直接または代理人を通じて間接に行った場合でも，贈賄行為と解釈されてしまいます。

　FCPA では，たとえ米国外での贈賄行為であっても，支払口座やメールの受信者，会議参加者など，贈賄行為において何らかの形で米国が関連すれば，法律の適用対象となる可能性が高いことを肝に銘じなければなりません。

　企業としては，公務員への接待・贈答・招聘に関する手続を社内のルールで明確に定め，贈賄リスクに備えることが肝要です。

②　インサイダー取引

　インサイダー取引とは，会社の重要情報に接近できる者が，そのような情報を知って，それが未だ公表されていない段階で，その会社の株式の売買などを行うことです（金商法 166 条）。実際に儲かったかどうかの結果は関係がありません。これに違反した場合，個人に対しては 5 年以下の懲役もしくは 500 万円以下の罰金またはその併科（金商法 197 条の 2 第 13 号），法人処罰の場合の罰金刑は 5 億円以下です（同 207 条 1 項 2 号）。また，インサイダー取引規制に違反すれば，課徴金も課されます（金商法 175 条・175 条の 2）。

　インサイダー取引が禁止される理由は，一般投資家の場合，会社内部にある投資判断に影響を及ぼす事実について，会社が公表しないかぎり知ることができませんが，会社の役職員などは，そのような事実に自ら関与し，あるいは事実を知る機会が多いからです。仮に内部の者が，当該事実を知って，その公表前に株式を売買できるならば，一般投資家と比べて著しく有利になってきわめ

て不公平となってしまいます。

インサイダー取引は，会社の株価に重要な影響を与える「重要事実」を知って，それが公表される前に売買を行うことですが，この「重要事実」に該当するか否かの判断には難しい面があります。したがって，素人判断は禁物です。「李下に冠を正さず」ではありませんが，微妙な事例では売買に手を染めないことです。

インサイダー取引は，証券取引市場に対する背信的行為です。インサイダーに関する情報は意外に身近なところに転がっているものですが，それで株式売買をすると重大な経済犯罪になることをよく認識しておく必要があります。

なお，関連する近時の規制動向として，情報伝達・取引推奨規制（金商法167条の2）や，「フェア・ディスクロージャー・ルール」（同27条の36）も，企業法務担当者としては注意しておく必要があるでしょう。

③　その他の法務リスク

(1)　知的財産権の侵害

産業，学術，文芸，美術の分野における知的な財産の権利を知的財産権といいます。このうち，特許権，実用新案権，意匠権，商標権の四つが産業所有権（旧工業所有権）であり，小説，絵画，建造物などの表現方法に関する権利が著作権です。

安易に他社製品の物真似をすれば，知的財産権侵害というリスクが発生します。その意味で，自らの知的財産権を守るとともに，他社の権利を侵害しないよう注意することが必要です。

他社の知的財産権を侵害しないためには，企画，研究，開発，商品化の各段階で，問題となりそうな特許がないかを調査すべきです。特許情報は，特許庁の特許公報をはじめ，ネット上で各国特許庁がデータを公開しています。微妙な判断を要するときは，知的財産権専門の弁護士・弁理士から意見書をとっておくとよいでしょう。

そして，自社の製造・開発による発明などは，すみやかに特許出願を行うな

ど，知的財産権の保全に努めることです。仮に自社の新規事業と抵触する特許が発見された場合には，特許庁にその情報を提供し，特許権成立後は異議申立てをすることも検討します。この場合，証拠となる自社の開発記録の保管・管理が重要です。国際取引においては，ライセンス契約や共同開発契約において，自らの権利を保全できる条項をしっかりと検討しなければなりません。

　最近では，会社にあるソフトを無断複製（違法コピー）して使ったために，著作権侵害で訴えられる法的リスクがあります。また，海賊版ソフトの使用やインターネット情報の無断使用も著作権法違反行為です。

　一つしか購入しなかったソフトをコピーしても，企業内で使用するだけなら問題がないと思いがちですが，あるコンピュータ・メーカーが，自社内で違法コピーしたソフトを大量に使用していた事実が内部告発で発覚し，多額の損害賠償金を支払った事件も発生しました。知的財産権は適切な契約を締結した上で使用し，不正に使用しないことが肝要です。

　なお，実務的に悩ましい問題として，著作権法上の引用があります。著作権法は「公表された著作物は，引用して利用することができる。この場合において，その引用は，公正な慣行に合致するものであり，かつ，報道，批評，研究その他の引用の目的上正当な範囲内で行なわれるものでなければならない。」と規定します（著作権法32条1項）。すなわち，引用の場合は，著作権者の許諾がなくとも，著作物の使用が認められますが，その際には，公正な慣行に合致し，研究その他の引用の目的上正当な範囲内で行なわれる必要があります。引用が認められる場合には，原則として，当該引用する著作物の出所を「その複製又は利用の態様に応じ合理的と認められる方法及び程度」により明示しなければなりません（著作権法48条）。原則的には，著作物の題号と著作者名の表示は最小限必要なものです。

(2)　社会に対するコミットメント

(a)　政治・行政との関係

　政治・行政との関わりについては，もたれあいや癒着ととられるような行動をしてはいけません。これまでの通例や慣行で見直すべきところは見直し，透

明度の高い関係を保ちつつ，政治・行政との健全かつ正常な関係を構築する必要があります。

法律を遵守し，けっして贈賄や違法な政治献金を行わないことはもちろん，政治・行政との癒着という誤解を招きかねないような行為は厳に慎むことです。政治献金や各種団体への寄付などを行う際には，公職選挙法，政治資金規正法などの関係法令を遵守し，正規の方法に則ってのみ実行します。経営トップの方針として，このことを周知徹底しなければなりません。

また，取扱商品・サービスに関する関係業法を遵守し，許認可取得や届出などの手続も確実に実施する必要があります。

（b）　反社会的勢力との決別

企業活動が広範に展開される中で，企業と反社会的勢力や反社会的団体が結びつく可能性が絶対ないとはいいきれません。企業としては，自らがそれらの勢力と関わりをもたないよう厳しく戒めなければならないのです。

企業がその姿勢を正すとともに，反社会的勢力に毅然とした態度で臨むことは，企業の社会的使命であり，企業活動の健全な発展のために不可欠の要件であるとの認識をもつ必要があります。

（c）　税法

税法上，節税ないし租税回避行為は認められても，脱税は明らかな違法行為です。悪質な売上除外による脱税には，重加算税という税務リスクがあります。また，刑事罰の制裁もあり，その場合には，当該企業の社会的信用が失墜することは免れません。

脱税を疑われないためには，経理部門による管理ばかりでなく，営業担当者も，伝票類や日報などをきちんと記帳することが大切です。企業法務の担当者としても，日ごろから経理資料や契約書などの正しい文書管理が求められます。

公正な会計慣行に則ることにより，会社の真実の姿が明らかになり，健全な経営も可能となります。納税は企業の社会的責任であり，コンプライアンス経営上も欠かせない要素です。なお，税や会計の制度は刻々と変化するため，素人判断は禁物だといえるでしょう。税務・会計に関しては，社外の専門家に適宜相談する体制を築くことも必要です。

(3)　日本版司法取引

　　日本版司法取引制度とは，検察官が，被疑者・被告人との間で，被疑者・被告人が他人の犯罪事実を明らかにするための供述等をすることと引き換えに，検察官がその協力を考慮した処分等を行うことに合意できることとし，その合意に基づく証拠収集を可能とする制度です。

　　企業は，従業員や関係者による企業犯罪を発見した場合，検察官と合意して，従業員や関係者の刑事事件の捜査に協力することで，自らの刑事責任の減免を図ることができます。企業活動において日本版司法取引制度が問題となる例としては，①カルテル，②贈賄，③法人税法違反（脱税）などがあります。

　　企業としては，これまでよりも一層，企業犯罪の撲滅や早期発見に向けてコンプライアンス体制の拡充や社員教育に取り組まねばなりません。もし自社内で役職員について犯罪行為が疑われる場合には，専門家の助言を得て，日本版司法取引制度の利用という選択肢を含めた対応を検討する必要があるでしょう。

発展課題

☑　自社の事業内容にかんがみて，自社特有の法務リスクを列挙してみよう。

紛争解決・訴訟についての法律知識

【Case】
　企業トラブルに際し，法務担当者が，法曹資格を前提とせずに（弁護士の力を頼ることなく），自力で解決を図ろうとした場合，どのような手段があるか。

本講のポイント

▶ 内容証明郵便は，相手方に心理的圧力をかけたり，証拠づくりや時効更新など，実務的に活用できる場合が多い。

▶ 民事調停は実務的な長所が多く，企業法務のトラブル解決法として活用できる。

▶ その他にも，公正証書，少額訴訟，支払督促，起訴前の和解などの方法がある。

解　説

　本講では，企業法務の担当者が（弁護士等に頼ることなく）選択・採用できるトラブル解決の方法について，内容証明郵便・民事調停・公正証書を中心に解説します[1]。

1　内容証明郵便

(1)　意義と性質

　内容証明郵便とは，「誰が」，「いつ」，「誰に対して」，「どのような内容」の郵便物を差し出したかについて，郵便局が謄本により証明してくれる書留郵便です（郵便法 48 条）。普通の手紙と異なって，その内容が証明され，かつ，差し出した日付も証明されます。また，配達証明の申請をしておけば，その書面が受取人に到達したことも公的に証明することができます（郵便法 47 条）。

1）菅原『企業トラブルの解決・予防法』（こう書房，2000）48 頁。

(2)　内容証明の活用法

内容証明郵便の活用法としては，概ね次の 7 点を挙げることができます。

① 確定日付（ある文書がその日付の日に作成されたこと，その文書がその日付に存在していたことが，法的に認められた日付。民法施行法 5 条参照）を得るために利用する場合

　例）債権譲渡の第三者に対する通知または承諾（民法 467 条 2 項）

② 取引上重要な内容を明確に残しておくべき場合

　例）相殺の意思表示（民法 506 条），契約解除の意思表示（同法 540 条），取消しの意思表示（同 120 条等）

③ 法的な手続上通知することが必要な場合

　例）時効更新（中断）の催告（民法 150 条），履行期の定めのない債務につき債務者を遅滞に陥らせるための「履行の請求」（同 412 条 3 項），契約解除の前提としての「相当期間を定めた履行の催告」（同 541 条）

④ 通知の日付が重要な場合

　例）クーリングオフの通知（特商法 9 条等）

⑤ 相手方に心理的な圧力をかけたい場合

　例）一度支払を拒絶された売掛金の請求，不法行為による損害賠償の請求，不当な行為の中止を求める通知

⑥ 証拠づくりに利用する場合

　例）貸金で借用書をとっていない場合に内容証明で返済を迫り，相手方の支払猶予を求める返書を受ける

⑦ その他の場合

　例）相手方の出方をうかがいたい場合，当方の言い分や態度を明確にしたい場合，事前交渉の機会を得るために利用する場合

(3)　内容証明の書き方

(a)　形式面

用紙には特に制限がありません。文房具店で市販されている原稿用紙を利用してもよいですし，罫線のない白紙にワープロで記載しても構いません。また，

1行20字以内で26行以内とされています。なお，英文は使用できず（固有名詞としての英字や一般的な記号は可），図面や写真の同封も認められません。

　字数制限外の書類や画面・写真を添付したくても，内容証明郵便に同封できませんから，別に郵送することになります。慎重を期したい場合には，添付したい書類を書留郵便で事前に発送して，その取引番号を内容証明郵便の本文に記載する方法があるでしょう。

　本文の後に，差出年月日，差出人の住所氏名，受取人の住所氏名を記載し，差出人氏名のあとに押印します。押印は，実印（市区町村長に印鑑登録がしてあり，印鑑証明書の交付を受けられる印）である必要はなく，認印（実印以外の印）でも構いません。

　訂正する場合は，訂正部分を二本線で消去して訂正，挿入，削除を行い，その欄外余白に「参字訂正」，「壱字加入」，「壱字削除」などと記載して，その訂正文句に押印します。

　用紙が2枚以上になるときは，ホッチキスなどで綴じたうえ，原稿の一部に差替えができないようにするため，各用紙のつなぎ目に押印します（契印）。

　なお，ペーパーレス化が加速する中，行政手続や企業内における押印の廃止が進行しつつあります。現時点で内容証明郵便の押印・契印は廃止されていませんが，今後の動向には注視すべきでしょう。

(b)　内容面

　内容証明郵便では。形式的な書き方も大切ですが，その内容面がさらに重要です。

　標題（「通知書」「催告書」など）は，書いたほうが趣旨も分かりやすく，相手方に対する心理的な圧力が期待できます。

　時候の挨拶など余分な事柄はなるべく省き，必要な用件のみを的確にもらさず書くことに心がけるべきです。

　法律関係の重要な事実は，文面上明確にしなければなりません。たとえば，売買代金を請求する場合ならば，代金額，売買の年月日，売買の目的物，代金支払期日などを書きます。また，債権譲渡通知ならば，譲渡する債権を特定し，いつ，誰に譲り渡したかを記載する必要があります。証拠づくりに利用するよ

うな場合には，紛争に至った経過なども記載しておきましょう。

　ついつい筆が走ってしまいがちですが，くれぐれも違法・不当な事項は記載しないことが肝心です。たとえば，心理的圧力をねらうがあまり，「何日までに支払うといいながら，これを怠っているのは，詐欺的な犯罪行為である」などといった過剰な表現を用いてはなりません。また，相手方の取引制限にわたるような自由競争の阻害など，独占禁止法上疑義のある事項にも要注意です。

　付言するならば，当方に不利な事実はなるべく書かないほうが無難です。内容が証明されてしまいますから，不利な事実を書き込んでしまうと，後で取り返しのつかないこともあり得るからです。同様の理由から，決して書き間違いをしてはなりません。

(c)　発信方法

　郵便局ならば，どこでも内容証明郵便を取り扱うというわけではありません。内容証明郵便を出すことのできる郵便局には限りがあります。いわゆる集配局と呼ばれる大きな局では，必ず内容証明郵便を出すことができますが，小規模な郵便局では扱わないところが多いことに注意しましょう。また，受付時間にも差がありますから，事前に電話などで確認しておくべきです。

　電子内容証明サービス（e内容証明）は，郵便局に行く必要がなく，インターネットで24時間受付を行っています。

　部数は，受取人1名の場合，同文の書面3通（受取人用の「内容文書」1通，郵便局と差出人用の「謄本」2通）であり，相手方が複数ならば，受取人の数プラス2通が必要部数となります。同文であれば，カーボン複写でもコピーでも構いません。また，本文末尾に書いた宛先（受取人）及び差出人の住所氏名と同一の住所氏名を記載した封筒1通を用意します。

　費用は，内容証明料（1枚440円，2枚目から1枚増すごとに260円増），書留料（435円），普通郵便料金（定形25グラムまで84円），配達証明料（320円）です。

　なお，発送する際に郵便局員から訂正を指示される場合もありますので，こうしたときに備えて，発送手続には差出人に使用したものと同じ印鑑を持参したほうがよいでしょう。

(4) 内容証明を出すことが適当でない場合

　内容証明郵便も万能ではありません。出すことが適当でない事例もあります。相手方にたんなる威嚇といった印象で受け止められると，かえってその後の話合いによる解決を困難にしてしまうからです。たとえば，相手方に誠意が見られる場合には，逆効果になることがあります。また，紛争解決後も友好関係を維持したい場合にも，内容証明郵便によるべきか否かを慎重に検討すべきでしょう。

　当方にも相応の弱みがある事例も検討が必要です。たとえば，こちらが加害者的な立場にあるときには，内容証明郵便ではなく，普通郵便を出すほうが適切だと思われます。

　顧客からの苦情でも，まずは窓口でていねいな対応を重ねるべきでしょう。これが不当な要求に転じた段階で，内容証明郵便の利用を検討しても遅くはありません。

② 示談

(1) 意義と性質

　示談とは，民事上の紛争を裁判によらずに当事者間で解決する契約です。示談の内容に「互譲」が含まれていれば，その法的性質は和解ということになります（民法695条）。民法上の和解の場合には「互譲」が要件となりますが，必ずしも当事者が互いに譲歩しなくても示談は成立します。実務的な詳細については，**第17講**で解説します。

(2) 示談の効用

　示談の効用としては，①裁判に比べ，時間と費用を節約できる（紛争の早期解決），②手続面の煩わしさが少なく，労力的なコストがかからない，③実情にかなった弾力的な解決ができる，④債務の自発的な履行が期待しやすい，といった点が挙げられるでしょう。

(3)　示談書の作成

　標題のつけ方は「示談書」「合意書」「協定書」など，そのケースにふさわしいものであれば構いません。誰との間の紛争について解決したものかを特定するものですから，当事者の表示（法人名と代表者名，個人ならば氏名。住所も併記する）は不可欠です。示談書も契約書であり，その通例として年月日を記入します。

　本文中には，紛争ないし事故を特定し，本文中に合意の内容を明確に記載しておきます。特に示談金額や支払方法は必ず明示します。後日の紛議を封ずるためにも，各当事者の署名と押印は不可欠です。個人については自署，法人の代表者も自署が望ましいでしょう。

　権利放棄条項（加害者が一定金額の支払を約束するのに対して，被害者がその余の請求権を放棄する旨の条項）を入れておくべきです。ただし，権利放棄条項を定めても，示談後の予期せぬ再手術や後遺症などのいわゆる後発損害については，被害者からの追加請求が認められる場合があります[2]。

(4)　示談の無効，取消し

　示談内容が公序良俗に反するものは無効です（民法 90 条）。

　特に注意したいのが，代理人を利用した示談の場合です。無権代理による無効（委任状が偽造であったり，代理人が代理権の範囲を逸脱したなど）を主張される余地があるからです（民法 113 条 1 項）。そのため，相手方が代理人を立てた場合には，必ず委任状と印鑑証明書を確認しましょう。

　また，民事介入暴力（民暴）のケースなどにおいて，だまされたり（詐欺），おどかされたり（強迫）してなされた示談は取り消すことができます（民法 96条）。

2）最判昭 43 年 3 月 15 日民集 22 巻 3 号 587 頁。

③　民事調停

(1)　調停の意義

　調停とは，第三者である調停機関が仲介あっせんして，双方当事者の合意が成立するように努力し，私人間の紛争を解決する手続です。民事調停法は，裁判所で行われる調停の基本法です。

(2)　調停制度の利点

　調停には，①訴訟に比べ，時間と費用を節約できる，②手続面の煩わしさが比較的少ない，③調停委員のリードもあり，実情にかなった弾力的な解決ができる，④話合いと合意で解決するため，訴訟ほど後のしこりが残らない，⑤裁判所が当事者の出頭を確保するため，不出頭に対する制裁が定められている（民事調停法34条），⑥当事者の合意に基づくため，相手方の任意の履行が期待できる，という長所があります。

(3)　調停の手続と効力

(a)　申立て

　申立書は，相手方の数プラス2通を作成します。申立てをする裁判所は，原則として相手方の住所地や営業所を管轄する簡易裁判所です。ただし，相手方の同意があれば，他の地方裁判所や簡易裁判所でも構いません（民事調停法3条）。

　調停の申立てがあると，裁判所は調停主任（裁判官）1名と民事調停委員2名以上からなる調停委員会を組織することになります（民事調停法5条1項本文・6条）。

(b)　調停の進め方

　調停を申し立てると，相手方に申立書の副本が送られ，双方に呼出状が届きます。

　調停期日には，調停委員が当事者双方などから実情を聞き，事件の真相を見きわめて，説得の機会をとらえて調停の勧告を行います。通常の事件では，平

均して約3回の調停期日が開かれ，全体の7割以上が3か月以内に解決しています。合意が成立した場合は，裁判官の立会いのうえ，これを調書に記載します（調停成立調書。民事調停法16条）。

(c)　調停の効力

調書の記載は確定判決と同一の効力を有し（民事調停法16条，民訴法267条），相手方が任意に履行しないときは強制執行をすることもできます。

調停が不成立の場合は事件が終了します（民事調停法14条）。調停終了の告知を受けた後2週間以内に訴えを提起すれば，調停申立ての時に訴訟を起こしたこととなります（民事調停法19条）。

4　公正証書

(1)　意義

公正証書とは，公証人が作成した文書です（公証人法26条以下）。契約の成立や一定の事実を，公証人が当事者から聴き取り，あるいは実際に体験して，それにもとづき作成します。私文書を公正証書にすることにより，当事者間の紛争をある程度予防することができます。

(2)　利点と限界

公正証書には，①金銭支払について公正証書にし，これに強制執行認諾文言（「債務者は本契約上の金銭債務を履行しないときは，ただちに強制執行に服する」との強制執行を受けてよいという条項）をつけておけば，いきなり強制執行ができる（執行力。民事執行法22条5号），②公文書なので，裁判時の有力な証拠となる（証拠力。民訴法228条2項），③原本が公証役場に保管してあるため，紛失や変造などの心配がない（安全性），④作成の前提として当事者の合意があり，強制執行力も認められているため，債務の自発的な履行が期待できる（心理的強制力）という長所が認められます。

このように公正証書は企業トラブルを予防する有効な手段ですが，やはり限界もあります。それは，金銭債権以外について強制執行ができない点です。土

地・建物の明渡しや特定物の引渡しの場合には執行力がないため，訴え提起前の和解（後記⑤（4））など，他の方法によるしかありません。

(3)　公証役場

公正証書は，当事者本人（債権者と債務者）またはその代理人が，最寄りの公証役場に出向いて作成します。公証役場は全国に約310か所（東京都内で45か所）ありますが，どこの公証役場で作成しても，公正証書の効力に影響はありません。

⑤　その他の法的手段

(1)　仲裁

仲裁（arbitration）とは，紛争当事者が，第三者（仲裁人，arbitrator）にその紛争の解決を依頼し，仲裁人の下した判断（仲裁判断，award）に服する手続です。

当事者間に仲裁の合意が必要なため，相手方が仲裁の申立てに応じなければ，手続を進めることができません。なお，仲裁判断には，裁判所の確定判決と同一の効力があります。仲裁では，特殊な場合を除いて，上訴できないとされています。したがって，裁判と比較すれば，解決までにかかる時間が少なくて済むというメリットがあります。国際取引では，この仲裁という紛争解決方法がよく用いられます。

(2)　少額訴訟

少額訴訟とは，民事訴訟のうち，少額の金銭の支払いをめぐる紛争を速やかに解決するもので，簡易裁判所の手続です（民訴法368条〜381条）。少額訴訟は，60万円以下の金銭支払請求に限って利用できます。なお，少額訴訟の利用回数は（同一簡易裁判所，同一原告につき）1年10回に制限されています。

原則として，1回の期日で審理し（一期日審理の原則），直ちに判決を言い渡します（即日判決）。証拠書類や証人は，審理の日に即時に調べられるものに

限ります（証拠調べの制限）。被告は，通常の訴訟手続に移行するよう求めることができます。

　裁判所は，原告の請求を認める場合でも，分割払いや支払猶予など和解的判決を言い渡すことができます。判決に不服がある場合には，異議申立て制度もあります（控訴はできない）。

(3)　支払督促

　支払督促とは，相手方（債務者）に対し金銭その他の代替物の給付を請求する場合に，申立人（債権者）の申立てだけに基づいてされる略式の手続です（民訴法382条〜396条）。

(4)　起訴前の和解

　起訴前の和解とは，一般の民事紛争について当事者間にある程度の合意が成立している場合に，当事者双方が出頭して裁判官の面前で行う和解手続です。

(5)　その他の法的手段

　以上のほかには，通常の民事訴訟，民事保全，強制執行，供託などの法的手続があります。

発展課題

☑ 本文では言及していないが，通常の民事訴訟，民事保全，強制執行などの手続について，弁護士に委任する際の留意事項を整理しよう。

【Case】

　X社は，Y社に対し，今から2カ月前，家庭用エレベーターを代金300万円で売却したが，支払期日になっても，契約どおり代金を支払ってくれない。

(1) X社の営業担当者が口頭で催促してみるが，Y社の購買担当者にあまり誠意が見られない。X社として，まずはいかなる手段を講じるべきだろうか。

(2) X・Y両社は長年にわたり取引を継続しており，現在もなお友好的な関係を維持している状況にある。できれば円満に解決したいが，どのような措置が考えられるか。

(3) X社が督促したところ，Y社は本件売買契約の無効を主張している。どうすべきだろうか。

本講のポイント

▶ 内容証明郵便による督促，示談交渉，強制執行認諾文言付き公正証書の作成，簡易裁判所への民事調停の申立てを検討する。

解　説

1　内容証明による督促

(1)　内容証明の効果

　本Caseのように，取引先が代金を支払ってくれない場合などは，内容証明郵便で支払請求の通知を出すと効果があります（第16講1）。時効の完成猶予の催告という意味があるばかりでなく（民法150条），相当の心理的な圧力を与える効果もありますし，これに対する相手方の反応をみて，その後の対応策を検討することもできます。

　内容証明郵便とは，「誰が」，「いつ」，「誰に対して」，「どのような内容」の郵便物を差し出したかについて，郵便局が謄本により証明してくれる書留郵便

のことです。本 Case では，営業担当者が口頭で催促していますが，これで
は証拠に残りません。配達証明の申請をしておけば，その書面が受取人に到達
したことも公的に証明することができます。

(2)　時効の更新・完成猶予

商品売買の代金債権には，時効消滅の問題があります。

民法では，債権者が権利を行使できる時（客観的起算点）から10年が経過し
たときに加えて，債権者が権利を行使することができることを知った時（主観
的起算点）から5年が経過したときも，債権が時効によって消滅します（民法
166条1項)[1]。しかし，時効を更新（中断）すれば，そのときから時効は新た
に進行を始めます。本 Case でも，更新した時点から，消滅時効期間がさらに
5年となるわけです。時効の更新事由には，裁判上の請求（民法147条），強
制執行（同148条），承認などがあります（同152条）。

ただし，内容証明郵便による売買代金請求だけでは，たんなる裁判外の催告
であって，時効完成を6か月間延長するに過ぎず，その間に訴訟などを起こす
必要があります（民法150条）。ところが，返書のなかで支払猶予や減額を申し
入れたりすれば，それが債務の承認になり，さらなる法的手続は要りません
（民法152条）。したがって，相手方の支払猶予や減額を願い出るような文面に
工夫すべきということになります。

なお，協議を行う旨の書面での合意による時効の完成猶予制度もあります
（民法151条）。旧民法下では，当事者間で友好的に話合いをしていても，時効
完成が近づいてくると，債権者としては，時効完成を阻止するために訴え提起
等の手段をとるしかありませんでした。しかし，今般の民法改正により，債権
者債務者間で，権利についての協議を行う旨の合意が書面でされたときは，1

---

1)　旧民法では，債権の消滅時効の原則的な時効期間を，「権利を行使することができる時」（客観
的起算点）から10年と定め（旧民法166条，167条），その上で商行為によって生じた債権につ
いては5年間（旧商法522条）とし，その他職業別に短期間の時効期間を別途定めていた（旧民
法170条〜174条）。しかし，今般の民法改正により，債権の種類ごとに異なっていた時効期間
は，原則として「主観的起算点から5年間・客観的起算点から10年間」に統一された。

年間時効の完成が猶予されることになります（再度の合意があれば，最長5年間猶予）。

(3) より心理的な圧力をかけるために

　売掛金請求のような事例では，内容証明郵便による通知が，相手方に心理的な圧力をかける効果を発揮します。もちろん弁護士を代理人として内容証明郵便を出せば，その効果はきわめて大きいでしょう。では，弁護士を代理人にせず，企業法務の担当者が発信する場合には，どのような工夫が考えられるでしょうか。

　まずは，発信人を「法務部長」や「総務部法務課長」といった法務専門部の責任者名義で送ることです。そのほうが，心理的な威嚇力という点では，代表者や担当役員の名前よりもはるかに効果的です。

　また，裁判所に併設されている郵便局から発信するという工夫も検討の余地があります。たとえば，東京の場合，裁判所地階の郵便局から発信すれば，末尾に「東京高等裁判所内郵便局」が印字されます。そのため，当方が頻繁に裁判所に出入りしているように印象づけられますし，相手方に「訴訟などの法的手続へ進むかもしれない」などと思わせる効果も期待できるからです。

(4) 内容証明を出すことが適当でない場合

　ただし，出すことが適当でない事例もあります。たとえば，相手方に誠意が見られる場合には，逆効果になってしまいます。また，紛争解決後も友好関係を維持したい場合にも，内容証明郵便によるべきか否かを慎重に検討すべきです。

② 示談交渉

(1) 示談の効用

　内容証明郵便による通知に対して，相手方から何らかの反応があれば，なるべく話合いによる平和的解決を優先させることが望ましいでしょう。示談によ

って紛争解決できるならば，時間と費用を節約できますし（紛争の早期解決），手続面の煩わしさも労力的なコストがかからず，実情にかなった弾力的な解決ができ，かつ，債務の自発的な履行が期待できるからです。そこで課題となるのが，示談交渉の実務です。

(2)　有利な示談交渉の進め方

まず大切なのは，交渉相手の信頼を得るためにも，明らかな嘘などはつかないことです。その場しのぎの嘘は，後々必ず当方の立場を悪くします。

また，示談はいわば情報戦ですから，相手方より多くの情報を収集入手するように努める必要があります。交渉の場面でお互いのカードを切りあう場合，こちらの持ち札が多いほうが有利です。また，持っている情報が多いほど，相手の真意を正確に読み取ることができます。そのためには，相手方の身上や資産能力，トラブルに至った事実経緯，それに付随する間接的な事情など，およそ関係がありそうな情報を迅速・的確に収集することが肝要です。

それから，事前に適正な示談金額の幅（示談相場）を調査しておき，「落としどころ」を決めておくべきでしょう。過大な要求や過小な回答は，かえって問題解決を遅らてしまいます。

具体的な交渉に入れば，ねばり強く交渉しなければなりません。原則として，満足できる条件に至らない限り，軽々に署名押印などはしないことです。本Case のように当方が債権者（被害者的な立場）である場合で，責任を負う者が複数いるとき（たとえば，主債務者と保証人）は，示談の相手方の弁済能力（資産状況や損害保険の付保状況など）を確認しておき，資力のある相手から先に賠償請求していくことが効率的です。

(3)　示談書の作成

相手方との支払計画を確認・合意できれば，債務承認・弁済契約書などを締結します（【書式例】）。その際に留意すべき点としては，相手方にしっかりと弁済計画を提出させること，物的担保がなければ連帯保証人（人的担保）を立てさせることなどです。

示談書作成の具体策については，第16講②(3)で解説しました。

(4) 示談の不調，不成立の場合

交渉が難航した場合には，冷静にその原因をひとつずつ分析し，争点を明確にしてみることです。争点に重きをおいて交渉を進めれば，示談成立の可能性は高くなるからです。

いずれにしても，なるべく示談でまとめるように努力しましょう。しかし，私人間の話合いで示談できる見通しが立たない場合には，第三者的な公的機関の利用（仲裁，調停など）を検討することになります。

③ 公正証書化

(1) 公正証書の利点

相手方に対する信頼の度合いにもよりますが，締結した示談書（債務承認・弁済契約書）は，強制執行認諾約款付きの公正証書にしておくことを検討します。

公正証書とは，公証人が作成した文書です（第16講④）。公正証書に強制執行認諾文言（「債務者は本契約上の金銭債務を履行しないときは，ただちに強制執行に服する」との強制執行を受けてよいという条項）をつけておけば，いきなり強制執行ができますから（執行力。民事執行法22条5号），その後の不履行に備えることができます。

(2) 公証役場への出頭

公証役場には，本人の代わりに代理人が出頭しても構いませんが，債務者については，それが個人である場合，できる限り代理人を避けたほうが安全です[2]。確かに債務者本人は出頭したがらず，代理人の選任もすすんでやらないことが少なくありません。そのため，債権者の側で債務者の代理人まで用意し

---

2) 代理権授与が問題になった事例として，最判昭26年6月1日民集5巻7号367頁。

がちになりますが、これは双方代理・自己契約（民法108条）に当たるとして、請求異議の訴えなどにより効力を争われる危険があります。

　公証役場に出頭するに際しては、当事者本人の印鑑証明書（発行より6か月以内のもの。法人ならば法人の印鑑証明書）各1通が必要です。当事者が会社ですから、資格証明書（または、代表者を示す商業登記簿の全部事項証明書など）1通も要ります。また、当事者双方の実印（印鑑証明に押捺したもの。代表者印）を持参します。そして、公証人に面接するときには、公正証書にしたい内容を記載した原稿または私製証書（本Caseでは、債務承認・弁済契約書）を提示すべきです。

　企業間で公正証書化する場合には、代表者が公証役場に行くよりも、当該社の担当者が代理人として出頭することが多いでしょう。代理人が出頭する場合には、本人（法人）の実印（代表者印）が押捺された委任状1通が必要です。委任状には、契約内容の主要部分および強制執行認諾約款を付する旨の記載をしておきます。委任内容が複雑なときは、それを別書面にして添付します。契約書がある場合には、委任状に「別紙契約書に基づき、強制執行認諾約款付き公正証書作成の件を委任します」などと記載して、この書面に契約書を添付すればよいのです。この場合には、必ず実印で委任状と添付書面とを割り印しておきます。また、代理人の印鑑証明書（発行より6か月以内のもの）1通と代理人自身の実印も必要です。

4　民事調停

(1)　調停の意義

　示談から公正証書という流れは、相手方が内容証明郵便に反応したことが前提です。しかし、内容証明郵便を発信しても、相手方から何の反応もない場合もなくはありません。その場合には、そもそも話合いの機会が得られないわけですから、示談が成立することもありません。

　であるならば、直ちに弁護士を委任して、訴訟提起を検討すべきかといえば、担当者が選択できる効果的な方法が別にあります。それが、民事調停です。調

停とは，第三者である調停機関が仲介あっせんして，双方当事者の合意が成立するように努力し，私人間の紛争を解決する手続です。企業トラブルの解決のためには，もっと利用されてよい制度だと思います。

(2)　調停制度の利点

　調停は，訴訟に比べた場合，時間と費用を節約できます。後記のとおり，手続面の煩わしさが比較的少なく，わざわざ弁護士に依頼しなくても，担当者で処理することのできる手続です。

　調停委員のリードもあり，実情にかなった弾力的な解決ができます。また，話合いと合意で解決するため，訴訟ほど後のしこりが残りません。その意味でも，争いごとを好まない日本人の国民性にも適しているといえましょう。加えて，当事者の合意に基づくため，相手方の任意の履行も期待できます。

　民事調停の最大の利点は，相手方の出頭が確保しやすいことです。裁判所が当事者の出頭を確保するため，不出頭に対する制裁（5万円以下の過料）も定められています（民事調停法34条）。かつて東京簡易裁判所で民事調停委員を務めた経験からいえば，担当した事件で相手方が出頭しなかった例は1件もありませんでした。仮に内容証明郵便に対する相手方からの反応がなかった場合でも，民事調停を利用すれば，裁判所での話合いの機会が得られる可能性はきわめて高いといえます。

　さらには，トラブルの事実を秘密にしておくことができます。公開法廷の訴訟と違い，調停は非公開の席で行われますから，なるべく争いがあることやトラブルの内容を他に知られたくないという当事者の意向にも沿うものです。

(3)　調停向きの紛争と不向きな紛争

　裁判で勝訴するには証拠が不十分な場合や，相手方と親密な関係から一刀両断な解決を望まない事案には，調停が適しています。他方，話合いと合意を前提としますから，相手方が自己の主張に固執するような場合には向きません。

(4) 調停の手続

　申立書は，相手方の数プラス 2 通作成します。ちなみに，全国の各簡易裁判所には，「売買代金」，「貸金」，「貸金業関係」，「給料支払」，「建物明渡」，「賃料等」などの記入説明書付き定型申立書用紙が備え付けられていますし，窓口で調停係に申し出れば，これらを無料で配付してくれます。そのまま利用してもよいし，書式を参考にして申立書を起案してもいいでしょう。

　なお，会社などの法人が当事者の場合には，商業登記簿の全部（または一部）事項証明書を提出しなければなりません。また，会社の従業員（たとえば，法務の担当者）が代理人となるときには，代理人許可申請書・委任状・社員証明書の提出も必要です。こうした書式も簡易裁判所に用意がされています。

　その他の手続や効力については，第 16 講③(3) に解説のとおりです。

⑤　通常訴訟

　相手が契約の有効性すら争っているような場合には，最後の手段として通常の民事訴訟で解決することになりましょう。訴訟の前提として，仮差押え（民事保全法 20 条）や仮処分（同 23 条）などの保全手続もあります。これらの手続を遂行するためには，弁護士に委任することになります。

　訴訟に勝てるかどうかは，結局のところ，証拠の有無と優劣によります。したがって，事前に証拠を集めておくことが必要です。契約書やメモ類の書証はもちろん，広く関係者から事情を聴取しておき，有利な事実を知る者については，その聴取内容を整理しておくべきです。

　なお，本 Case の訴額は 300 万円ですが，これが 60 万円以内であれば，より簡便な少額訴訟という手続を利用することもできます（第 16 講⑤(2)）。

⑥　小括

　本講では，債権回収の事案を例として，弁護士に頼ることなく，企業法務の担当者が自力で利用できる紛争解決の手法に関する演習を試みました。以上の

とおり，紛争解決の場案においても，担当者の選択肢は意外に多いという事実を理解しましょう。

【書式例】

債務承認・弁済契約書

　X株式会社（以下，「甲」という）と，Y株式会社（以下，「乙」という）と，Z（以下，「丙」という）とは，乙が甲に対して負担する債務について，以下のとおり契約を締結する。

第1条　乙は，甲に対して，令和〇年〇月〇日現在，乙が甲から買い受けた商品の買掛代金のうち未払代金〇〇万円の債務を負担することを確認する。

第2条　丙は，甲に対し，乙の前条の債務について連帯保証する。

第3条　乙及び丙は，甲に対し，連帯して次の事項を履行することを約した。
　　　(1)　第1条及び前条の金員を次のとおり分割して支払う。
　　　　①　令和〇年〇月〇日限り金〇〇万円
　　　　②　令和〇年〇月から同年〇月まで毎月末日限り金〇〇万円宛
　　　(2)　期限後または期限の利益を失ったときは，以後完済にいたるまで，日歩4銭の遅延損害金を支払う。
　　　(3)　次の場合には，甲からの通知催告がなくとも当然期限の利益を失い，ただちに第1条及び前条の債務の残金全額を支払う。
　　　　①　分割金の支払を1回でも怠ったとき
　　　　②　他の債務につき強制執行（仮差押えを含む）を受けたとき
　　　　③　他の債務につき競売，破産または民事再生の申立てがあったとき

第4条　本契約は，ただちに公正証書に作成する。

第5条　乙及び丙は，本契約による金銭債務を履行しないときは，ただちに強制執行を受けても異議なく，前条の公正証書に強制執行認諾条項を入れることに同意する。

第6条　乙及び丙は，甲に対し，前記公正証書作成のための委任状及び印鑑証明書（乙については代表資格証明書）を交付し，本債務完済までは公正証書作成の代理権の授与を撤回しない。

　本契約の成立を証するため本証書を作り，各自署名捺印して，各1通は乙及び丙の公正証書委任状に添付する。

　　　令和○年○月○日

　　　　　　　　甲
　　　　　　　　　　東京都中央区日本橋二丁目○番○号
　　　　　　　　　　　　X株式会社
　　　　　　　　　　　　代表取締役　　　　　　　　　　T　印

　　　　　　　　乙
　　　　　　　　　　東京都江東区東陽五丁目○番○号
　　　　　　　　　　　　Y株式会社
　　　　　　　　　　　　代表取締役　　　　　　　　　　Z　印

　　　　　　　　丙
　　　　　　　　　　東京都江戸川区篠崎町七丁目○番○号
　　　　　　　　　　　　　　　　　　　　　　　　　　　Z　印

リスク・マネジメントとコンプライアンス

【Case】

よく職場では「リスク」という言葉を口にしたり，耳にしたりするが，我々はどういう意味で「リスク」ないし「リスク・マネジメント」という言葉を使っているのであろうか。

また，内部統制システムとは何か，これがリスク・マネジメントとどう関係するのか。さらには，リスク・マネジメントとコンプライアンスの関係についても検討したい。

本講のポイント

▶ 内部統制とは，企業不祥事を未然に防止し，かつ予測できなかったリスクの発生に適切に対処することを目的として，企業内部に構築・整備する経営管理体制である。

▶ ビジネス・リスクの大部分は，企業を取り巻く法的リスクの範疇に入る。

▶ コンプライアンス経営の励行こそが，リスク・マネジメント実現の最も効率的な早道となる。

解　説

　企業の不祥事が相次ぐと，内部統制システムの在り方やコンプライアンス経営に対する社会的な関心・要請が高まってきます。

　また，東京証券取引所のコーポレートガバナンス・コード改訂やSDGs（Sustainable Development Goals，持続可能な開発目標）の推進など，企業のガバナンスをめぐる環境にも確実な変化が生じています。2018 年 6 月 1 日から施行された改訂コーポレートガバナンス・コードでは，企業と投資家との対話を通じ，コーポレートガバナンス改革をより実質的なものへと深化させていくため，法令に基づく情報開示の充実（補充原則 3-1 ①）や監査役の法務知識（原則 4-11）などを求めています。

そこで，本講では，内部統制やリスク・マネジメント，コンプライアンスに関する法律知識を確認し，企業不祥事やトラブルに対する予防策について考察します。

① 内部統制

(1) 内部統制とは

内部統制システムとは，企業不祥事を未然に防止し，かつ予測できなかったリスクの発生に適切に対処することを目的として，企業内部に構築・整備する経営管理体制です[1]。要するに，事業リスク（business risk）をきちんと管理できる組織体制のことであり，これはいわば企業の組織論です。

ただし，ここでいう「内部統制」または「内部統制システム」という用語は，必ずしも法律的に正確なものではありません。私たちが一般的に内部統制と呼んでいるものは，会社法上の内部統制の意味ですが，実は会社法には「内部統制」という文言が存在しないからです。条文上は，「業務の適正を確保するための体制」と定められています（会社法362条4項6号，会社規則100条）。

これに対して，金融商品取引法（金商法）の条文には，「内部統制」という文言があります（金商法24条の4の4「内部統制報告書」）。しかし，この内部統制と，会社法の業務の適正を確保するための体制とは，その由縁も内容も異なる別物です[2]。もちろん効果の面で重なり合う部分も多いのですが，金商法の内部統制は，財務報告面でのリスク管理（財務報告の信頼性確保）の実現を目的としています。

したがって，PL関係，各種違法取引，安全保障輸出管理体制違反，個人情

---

1) 内部統制の実務全般について，根田正樹ほか編著『内部統制の理論と実践』（財経詳報社，2007）。

2) 1992年にCOSO（米国トレッドウェイ委員会組織委員会（Committee of Sponsoring Organizations of Treadway Commission））が発表した報告書「内部統制－統合的枠組（Internal Control-Integrated Framework）」のモデルに準拠して2002年7月に米国連邦法として成立したのが企業改革法（Sarbanes-Oxley Act）であり，金商法上の内部統制もこの考え方を承継している。菅原『新しい会社法の知識〔全訂版〕』（商事法務，2006）188頁。

報漏えい，独禁法違反，経営幹部のインサイダー取引，セクハラなどの非財務リスクについては，金商法による内部統制では対応できず，会社法上の内部統制（業務の適正を確保するための体制）で対処することになります。

(2) 会社法における内部統制の意義

公開会社のようにある程度以上の規模の会社においては，取締役には，業務執行の一環として，会社の損害を防止する内部統制システムを整備する義務が存在すると解されてきました[3]。この点，会社法は，取締役または取締役会に「取締役の職務の執行が法令および定款に適合することを確保するための体制その他株式会社の業務並びに当該株式会社およびその子会社から成る企業集団の適正を確保するために必要なものとして法務省令で定める体制の整備」を決定する権限があると定めています（会社法348条3項4号・362条4項6号）。また，大会社に対しては，取締役または取締役会が，内部統制システム構築に関する基本方針を決定することが強制されています（会社法348条4項・362条5項）。これにより，内部統制システム構築に関する基本方針の決定は，取締役会設置会社については，取締役会の専権事項とされ，代表取締役や代表執行役に委任することができません（会社法362条1項）。

この内部統制には，①経営の適正の確保と，②取締役の免責（従業員等による不正が生じても内部統制システムが構築・整備されていれば，取締役は個人責任を免責される）という二つに意味があると解されています。

②取締役の免責では，取締役会においてどの程度の内部統制システムの構築を決定すれば，取締役として善管注意義務違反とならないか，また，代表取締役は，その決定を具体的にどのようにした実行・実現すれば，善管注意義務違反とならないかという点が，実務的に難しい問題です。この点については，不正行為の完璧な防止は不可能ですから，通常想定される不正行為を防止しうる程度の管理体制の構築・維持が求められると解釈すべきでしょう[4]。なお，シ

---

3) 大阪地判平12年9月20日判時1721号3頁（大和銀行株主代表訴訟事件），神戸地裁平14年4月5日和解所見商事1626号52頁等。

4) 最判平21年7月9日判時2055号147頁（日本システム技術事件）。

ステムを厳重にすればするほど，そのコストは増大しますし，また，株主ほかのステークホルダーが一体どのくらいのレベルを期待しているかなどの検討も必要とはなります。

② 内部統制，リスク・マネジメント，コンプライアンス

(1) リスクとは

　内部統制の中核とは，経済活動等にかかわる危険（ビジネス・リスク）の管理体制であり，要するに「リスク・マネジメント」を意味します。

　ところで，よく職場で耳にする「リスク（risk）」ですが，私たちはいったいどういう意味でリスクという言葉を使っているのでしょうか。一つは，天変地異のような不可抗力の発生をリスクと呼ぶことがあります。確かに自然災害が顕在化すれば，事業活動に大きな影響を与えるリスクです。しかし，こうした意味でのリスクを職場で口にすることは多くないでしょう。なぜなら，天変地異の大半は，神のなせる業であり（act of God），私たちの管理可能な範囲を超えているからです（beyond control）。自らが管理できないような事柄を，いくら職場で議論しても実益が感じられません。つまり，よく職場で口にする「リスク」とは，不可抗力を除いた，ビジネス・リスクないし事業上のリスクということになります[5]。

(2) リスク・マネジメントとコンプライアンス

　ビジネス・リスクの大部分は，企業を取り巻く法的リスクの範疇に入ります（business risk ≒ legal risk）。ここでいう法的リスクとは，企業経営のさまざまな場面において，法令・法規等の法規範に違反することから生じる，損害賠償等の民事責任，刑法や会社法等による刑事責任，その他取締法規違反の制裁や行政処分等を伴う危険のことです。ルールを守っていれば，法的な制裁・処分

---

5) ただし，先の大震災や今般のコロナ禍に接し，想定を超える事象対応を日ごろの業務活動に入れるなど，法的リスクを超えたトラブルへの対処法も併せて検討しなければならないことは当然である。

はあり得ません。

　したがって，ステークホルダー経営を実践し，利害関係者に対する法令遵守のコミットメントを果たすこと，すなわち，コンプライアンス経営の励行こそが，リスク・マネジメント実現の最も効率的な早道となります（後記③(3)）。この点，会社法上も，内部統制（業務の適正を確保するための体制）について，その中核であるリスク・マネジメント（損失の危険の管理。会社規則 100 条 1 項 2 号）とともに，コンプライアンス（会社法 362 条 4 項 6 号，会社規則 100 条 1 項 4 号）を挙げているのです。

③　コンプライアンス概念の再考

(1)　内容の分かりにくさ

　コンプライアンスとは，一般に「企業組織が法令・社内規程等の規範と調和しながら，適正かつ健全な事業活動をしていくための仕組みの総称」などと説明されています。しかし，法律辞典で "compliance" を引いてみると，submission, obedience, conformance 等の単語が並んでいます[6]。あえて和訳すれば，服従，遵法，一致といった意味になりましょうが，どれもしっくりとはきません。また，compliance を動詞で表現すれば，"comply with ～" となりますが，"～" の中身を補充しない限り，具体的な意味をもちません。要するに，コンプライアンスという言葉そのものは，空虚で無機質で，かつ無内容なものなのです。

　コンプライアンスなるものの本来的な分かりにくさがここにあります。仮にコンプライアンスを広義の「法令遵守」と定義づけたとしても，具体的な法令・ルールを前提としない「企業倫理」などというイデオロギーと同列に論じては，コンプライアンスの真の意義を理解することが難しいように思います。

6）たとえば，"COMPLIANCE" を収録する数少ない法律辞典として，*Bryan A. Garner*, Black's Law Dictionary 9th. edition.

(2) 会社法条文からの説明

コンプライアンス経営について，法的には次のように説明することが可能でしょう。

そもそも会社の人格とは，法によって賦与され，その社会的存在を認められたものであって（会社法3条），会社の権利能力も法令により認められた範囲に限られます（民法34条）。会社が自ら法に反するならば，それは自己矛盾であり，自己否定です。会社が法令を遵守して事業活動を行うことは，いわば法人としての必然であり，コンプライアンス経営に心がけることは，会社経営に携わる者にとっての最低限の規範的要求なのです（会社法355条）[7]。

(3) ステークホルダー経営とコンプライアンス

そもそも企業は，その事業活動を通じて，株主，従業員，消費者，取引先，地域社会等と様々な利害関係をもつに至ります。したがって，現代企業としては，利害関係者（ステークホルダー）それぞれとの関係をこれまで以上に大切にし，具体的かつ実効性のある配慮行動をとることが社会的な責任となります。この点，コーポレートガバナンス・コードでは，「コーポレートガバナンスとは，会社が，株主をはじめ顧客・従業員・地域社会等の立場を踏まえた上で，透明・公正かつ迅速・果断な意思決定を行うための仕組みを意味する」と定義しています。この利害関係者の利益のために会社を経営することをステークホルダー経営といいます。

ステークホルダー経営の観点から，コンプライアンスとは，これらの利害関係者に対して，企業が経営の適法性確保を誓約すること（commitment）と説明することができます。したがって，コンプライアンスに関する法務知識を整理しようと思えば，企業とステークホルダーの間を各々規律する法令を列挙する必要があるでしょう。

---

7) このように，会社法3条を根拠に説明することは，必ずしも正確な解釈ではないものの，一般には理解が得られやすいように思われる。菅原・前掲注2) 24頁。

(4)　コンプライアンスと CSR の関係

　現代企業に求められる社会的責任（corporate social responsibility, CSR）とは，ステークホルダーそれぞれとの関係を大切にし，具体的かつ実効性のある配慮行動をとることを意味します。ステークホルダー経営を実践し，利害関係者に対する法令遵守のコミットメントを果たすことが，すなわち CSR の命題であり，この実践こそがビジネスリスク・マネジメントの実現につながります。

　今日では，ESG や SDGs という概念も耳にします。ESG とは，企業が長期的な成長を遂げるために，Environment（環境），Social（社会），Governance（企業統治）という 3 要素を重視する考え方であり，この視点を重視した投資手法が ESG 投資です。SDGs（Sustainable Development Goals, 持続可能な開発目標）のほうは，世界が 2016 年から 2030 年までに達成すべき 17 の環境や開発に関する国際目標であり，経団連の企業行動憲章もその達成を柱として 2017 年に改定されました。

　CSR・ESG・SDGs は，いずれも社会および企業の持続性を高めるという共通の目的があります。したがって，それぞれ別のものとして扱うのではなく，社会および企業の持続性を高めるために取り組むべき課題への対応，という大きな枠組みとして検討されるべきなのでしょう。

(5)　企業行動基準の誤謬

　多くの企業では，コンプライアンス・プログラムを策定し，そのプログラムの実践を組織的に徹底するため，企業行動基準を作成しています[8]。コンプライアンス研修においても，自社の行動基準をそのまま題材に採用している会社は少なくありません。そして，この行動基準には「公私のけじめ」に関する規定を設けている場合もあります。

　しかし，「私的目的のために会社財産を使用してはならない」といった類いのルールは，就業規則で規律すべき職場秩序の問題であって，コンプライアンスとは直接関係がありません[9]。なぜなら，本来のコンプライアンスとは，前

---

[8]　各社の企業行動基準制定に際して参考とされたのが，1991 年 9 月 24 日に発表された「経団連企業行動憲章」である（最新版は 2017 年 11 月 8 日改正「企業行動憲章」）。

記 (3) のとおり，会社組織（端的には経営者）が，利害関係者に対して「適法性の確保」を誓約することであって，経営サイドから利害関係者に対して法令遵守を確約するものであり，従業員の側に誠実労働義務等をコミットさせることを本質としていないからです。

(6)　コンプライアンス研修

　コンプライアンス経営の実現のためには，効果的なコンプライアンス研修を実施し，役職員一同がコンプライアンスの意義を共有すべきです。そのための処方は，①「我が社の」コンプライアンスを確定する，②研修内容の剪定に努める，③職場視線を忘れない，④分かりやすさを旨とする，という 4 点が重要でしょう。

　もちろん法令さえ守っていれば足りるというわけではありません。この点，法令のみの遵守に終始することなく，社会からの要請に応えることこそがコンプライアンスの本旨であると説明する見解もあるようです。しかし，「法令＋企業倫理の遵守」ないし「社会的要請への適応」などと説明しても，なかなか受講者の理解は得られません。たとえば，自社の社会的評価に対するリスク（reputation risk）への配慮と説明してはどうでしょうか。そのうえで，対象となる行為が「世間から後ろ指をさされるような行為ではないか。汚い商売のやり方だと非難されないか」に関し，各自の健全な社会人の常識をもって判断してもらえれば十分です。

　なお，関係法令の解説に際しては，個別具体的な法令の文言よりも，法の目的・趣旨を理解してもらうように努めることが重要です。法も社会のシステムの一つである以上，そのシステムを稼動させることによって，達成すべき究極目的が必ずあります。こうした法の目的さえ把握していれば，たとえ個別の条文を知らなくとも，対象となる行為が適法であるか，違法であるかくらいの予測はできるからです（第 2 講②(1)）。

9）もちろん「会社財産を私的使用によって逸散させないことは，企業の市場に対する責務である」などと説明できなくもないが，それはいかにも迂遠な理屈のように思える。

　企業の不祥事が大きく報道されると，あたかも日本の企業はどこでも同じような問題を抱えていて，早急に何らかの手当てをしなければいけないという論調に流れがちです。

　しかしながら，すべての日本企業のガバナンスが深刻な問題をはらんでいるわけではありません。企業法務の担当者としても，個別具体的な事象に対し，それをどう早期に発見して是正するのか，という体制の点検と見直しがまず必要ではないかと思います。

発展課題

☑ 平時のリスク・マネジメント体制がパンデミックによってどのように変容するのかについて，柔軟な発想から検討してみよう。

☑ SDGs を踏まえ，現代の企業法務として取り組むべきコンプライアンス経営の課題を整理してみよう。

パンデミックと企業法務

【Case】
　新型コロナウイルス感染症の拡大は，企業法務にどのような影響を与えたか。

本講のポイント

▶ 危機管理一般のみならず，個人情報・プライバシー保護，人事・労務関係，取引
関係との関係などについて，これまでとは異なった運用を余儀なくされており，
それら対応策を多方面から検討しなければならない。

▶ 新型コロナを契機として，企業法務においても，急速なデジタル化への取組みが
始まった。

▶ 今回の経験の蓄積は，将来，別のパンデミックを迎える際の大きな参考となる。

解　説

　新型コロナウイルス感染症（「新型コロナ」）の拡大が，企業法務にも大きな
影響を与えています。そこで，「パンデミックと企業法務」をテーマに，なか
なか終息の見えない新型コロナについて，企業法務がどのような実務対応を講
じてきたのかを紹介します。

　本講では，企業法務に関する項目のうち，①危機管理，②個人情報・プライ
バシー保護，③人事・労務関係，④取引関係への影響に絞って，新型コロナが
もたらす影響と留意点を検討したいと思います。なお，株主総会への影響に関
しては，**第8講**で解説したとおりです。

　これら新型コロナの経験の蓄積は，将来，別のパンデミックを迎える際の大
きな参考となるでしょう。

① 危機管理

(1) 感染症法と企業実務

　政府は，2020 年 3 月 28 日，新型インフルエンザ等対策特別措置法（新型コロナ特措法）18 条に定める「基本的対処方針」を決定し，感染対策を実施するにあたって準拠すべき統一的指針を示しました。4 月 7 日には，7 都府県（東京都，神奈川県，埼玉県，千葉県，大阪府，兵庫県，福岡県）に対し，新型コロナ特措法に基づく緊急事態宣言が発令され，同月 16 日，その対象地域が全国に拡大したものの，5 月 14 日，39 県で緊急事態宣言を解除し，同月 25 日，残りの 8 都道府県についても解除して，段階的に経済活動が再開される状況にあります。また，厚生労働省は，企業向けにも「新型コロナウイルスに関するQ&A」を公表しています[1]。

　企業法務においても，こうした法令や指針に準拠して諸対応を講じているのが実情です。たとえば，新型コロナは，2 月 21 日，「感染症の予防及び感染症の患者に対する医療に関する法律（「感染症法」）」の指定感染症として指定されました。感染症法そのものは，基本的に指定感染症が発生した場合の国および地方自治体や医師等の対応について定めたものですが，同法に定められた考え方を参考にしている企業は少なくありません。

(2) 感染拡大防止策の実例

　企業がどのような感染拡大防止策を講じているのかを俯瞰すれば，①マスクの着用・手洗いの励行，②体調管理の徹底，③人混みを避ける行動の促進，④海外渡航の中止・延期，を挙げることができます[2]。ただし，各社の対応は，緊急事態宣言の発布前後や解除，業種による自粛の程度等により，都度柔軟に修正されているのが実態です。

---

1) 厚生労働省「新型コロナウイルスに関する Q&A（企業の方向け）」https://www.mhlw.go.jp/stf/seisakunitsuite/bunya/kenkou_iryou/dengue_fever_qa_00007.html
2) 各企業の感染拡大防止策の策定にあたっては，新型コロナウイルス感染症対策専門家会議「新型コロナウイルス感染症対策の状況分析・提言」（2020 年 3 月 19 日）等が参考にされている。

(3)　感染症対応の基本的な選択肢

　労働安全衛生法68条は，「事業者は，伝染性の疾病その他の疾病で，厚生労働省令で定めるものにかかった労働者については，厚生労働省令で定めるところにより，その就業を禁止しなければならない。」と規定します。また，労働契約法5条では，「使用者は，労働契約に伴い，労働者がその生命，身体等の安全を確保しつつ労働することができるよう，必要な配慮をするものとする。」と定め，労働契約における使用者の安全配慮義務が明文化されています。かかる労働法制の下，企業としては，感染者本人のみならず，他の従業員に対する感染予防のためにも，感染症の対応に必要な措置を講じなければなりません。

　この点，感染症法は，前記① (1) のとおり，国・地方自治体・医師等の対応を定めた法律ですが，ここに定められた各項目は，企業の実務対応にとっても有益な指針ともなっています。同法の定めには，①調査（感染症法35条），②就業制限（同18条），③消毒（同27条），④健康診断（同17条），⑤公表（同16条）等の各措置が列挙されています。

(4)　感染症確認時の対応手順

　複数の企業実例によれば，実際に感染者が確認された場合には，厚生労働省が定義した目安に従い，「新型コロナウイルスに関する帰国者・接触者相談センター」に相談し，感染経路や濃厚接触者の範囲について速やかに確認を行うこととしています（前記①）。その上で，感染者を自宅待機にし（②），当該感染者等が通常に使用する場所（たとえば，執務机，共用部分のトイレやエレベーターボタン）を中心に速やかなアルコール消毒を実施する取扱いとなっています（③）。また，同じ職場環境にいる他の従業員に対しては，毎日1回体温測定と記録，咳・のどの痛み・鼻水・鼻づまり・全身倦怠・下痢の症状の有無の確認等，健康観察を奨励する企業が多いようです（④）。

　なお，濃厚接触者は，保健所や検疫が感染者の行動を分析した結果をもとに特定されるため，その特定までに数日を要しています。このため，企業の対策が後手に回るおそれもあることから，一定以上の頻度・時間で感染者との業務上の接点があった従業員を，仮の濃厚接触者と指定し，14日間程度の自宅待

機・在宅勤務を指示する企業もあるようです[3]。

　従業員に感染者が発生した場合の公表については，具体的な事案によって総合的な判断が求められます（⑤。後記②参照）。感染者本人のプライバシーに十分留意しながら，保健所等の公的機関による公表の後，必要に応じて本社広報部門で一元的に対応するのが一般的です（"one voice" の原則）。また，一般消費者を顧客とするような業種・業態においては，公表しなかった場合の社会的非難の可能性を視野に入れて，公表の可否を判断すべきでしょう。

② 感染症と個人情報・プライバシー保護

　企業内で新型コロナの感染者が発生した場合，この事実をどの程度，どの範囲で告知するかについては，個人情報・プライバシー保護の観点もあり，各企業にとっても悩ましい課題となっていました。

(1) 感染等の情報取得

　従業員本人が新型コロナ検査で陽性と出たとの情報（感染情報）は，個人情報保護法（以下，本②では「法」）上の要配慮個人情報に該当するため（法2条3項），本人の同意を得なければ取得できないのが原則です（同17条2項）。ただし，感染情報の取得が「人の生命，身体または財産の保護のために必要がある場合」や「公衆衛生の向上または児童の健全な育成の推進のために特に必要がある場合」であって，本人の同意を得ることが困難であるときに該当すれば，本人の同意は不要となります（法17条2項2・3号）。たとえば，本人が入院・隔離され，連絡をとることも困難な状況であれば，仮に同意がなくとも，当然に情報取得できます。なお，家族の感染情報の取得も，これと同様に考えてよいと思います。

　また，従業員が感染者との濃厚接触した，最近まで感染多発国・地域に滞在

---

3) 企業独自の「濃厚接触者」基準としては，①同居の家族に感染者が出た人，②着座位置が感染者から半径2m以内の人，③過去14日のうちに30分以上，会議や食事等で同一の室内にいた人，④その他，対面で直接打合せ等を行った人等を列挙する例がある。

していた情報等，新型コロナに感染しているという疑いにつながる情報については，現行法上，直ちに要配慮個人情報に該当するわけではありません。しかし，感染の疑いという情報そのもののセンシティブさにかんがみれば，企業としても，要配慮個人情報に準じて取り扱うべきでしょう。

　このように，本人の同意が不要かどうかは個別的な判断となるため，「新型コロナウイルス検査で陽性と出た場合や，感染している疑いがあるような場合には，会社が情報提供を求める」旨を従業員に説明し，包括的な事前同意を得ておく対応を工夫している企業も少なくありません。

(2)　利用目的との関係

　個人情報保護法では，個人情報を取得した場合，その利用目的を本人に明示し，または通知・公表しなければなりません（法 18 条 1 項・2 項）。ただし，社内規程等において安全配慮義務を果たすための利用目的を事前明示している企業が多く，従業員本人との関係では，法令違反の懸念はないようです。従業員の家族が感染した場合も，感染拡大防止のために必要な措置を講じるという意味において，利用目的は明らかですから，本人への通知等は不要と考えて構わないでしょう（法 18 条 4 項 4 号）。

　また，現行法上，利用目的による制限が定められていますが（法 16 条 1 項），これも企業の安全配慮義務との関係から，従業員の感染情報の利用に支障はありません。

(3)　企業内での情報共有

　企業内での感染情報の取扱いについては，感染者のプライバシー保護や社内・関係先の混乱防止の観点から，慎重な対応を期すべきです。その前提として，感染者や濃厚接触者等に対する不当な扱いや差別的な発言が職場で発生しないよう，従業員に対しては，日ごろから新型コロナに関する正確な情報を提供するとともに，各種対応策の趣旨を正確に理解してもらわなければなりません。

　情報管理の徹底という観点から，情報共有の範囲は，たとえ社内であっても，

相当程度（直属の上司や管理部門の一部）に限定する必要があります。また，濃厚接触者等の連絡・指示は直属の上司との間で行い，詳細情報の無用な社内共有は原則禁止とすべきでしょう。

(4) 社外への情報提供

　従業員に感染者が発生した場合の社外（たとえば，取引先）への情報提供については，感染者本人のプライバシーに十分配慮しなければなりません。ただし，感染症拡大の状況や当該企業のレピュテーション・リスクマネジメントの観点からは，拡大防止のために真に必要な情報提供を行うことについて必要以上に躊躇してはならないと思います。

　実務的には，従業員から感染情報を取得した場合，「今後必要に応じて，取引先やオフィスが入っているビルの管理者等へ情報提供する可能性がある」旨を本人に説明し，包括的な本人の事前同意を得ておくといった対応を工夫すべきです。

　また，施設担当の管理職は，従業員に感染者が発生した場合，その事業所がテナントとして入居する建物の管理者へ速やかに報告する必要がありますが，情報漏えいを防ぐためには，当該管理者に対して情報統制を強く要請することも忘れてはなりません。

　なお，社外への情報提供にあたっては，①感染者本人への対応状況，②濃厚接触者への対応状況，③その他の従業員への対応状況，④施設等の消毒状況，⑤当該拠点の営業状況等を，自社のホームページで公開している実例が複数あります。

③ 人事労務関係

(1) 休業手当と労働者への配慮

　使用者は，使用者の責めに帰すべき事由により労働者を休業させたとき，休業期間中，当該労働者の平均賃金の6割以上の手当を支給しなければなりません（労基法26条）。この点，脚注1）の厚生労働省「新型コロナウイルスに関

する Q&A（企業の方向け）」では，新型コロナに関連して労働者を休業させる場合，欠勤中の賃金の取扱いは，労使で十分話し合い，労使が協力して労働者が安心して休暇を取得できる体制を整えることを要請し，休業手当の具体的な要否については，Q&A の中で具体的に見解を示しています。

　企業としては，①労働者が発熱等の風邪症状が見られる際に，休みやすい環境の整備と，②労働者が安心して休むことができるよう収入に配慮した病気休暇制度の整備について，十分な配慮をすべきでしょう。

(2)　テレワーク

　各企業でおいても，時差出勤やテレワークに取り組んでいるが，テレワークを行う労働者に対しても，労働基準法・安全衛生法・労働災害補償法等の労働法は適用されるため，その対応に誤りがないようにしなければなりません。

　特にテレワークでは，労働時間の適正な把握が課題であり，「労働時間の適正な把握のために使用者が講ずべき措置に関するガイドライン[4]」に基づき，労働時間の適正な把握をする必要があります。その際，労働時間を記録する原則的な方法としては，パソコンの使用時間の記録等の客観的な記録によることなどが望ましいでしょう。

　また，テレワークの場合には，長時間労働になりやすいという問題も指摘されています。長時間労働を防ぐためには，①メール送付の抑制，②システムへのアクセス制限，③テレワークを行う際の時間外・休日・深夜労働の原則禁止，④長時間労働を行う労働者への注意喚起等の手法を講じる必要があります（厚生労働省「テレワークにおける適切な労務管理のためのガイドライン」18 頁参照）。

4　取引関係への影響

(1)　債務不履行と不可抗力の主張

　新型コロナに起因して，契約上の一方当事者が義務の不履行に陥る可能性が

4）https://www.mhlw.go.jp/content/000545678.pdf

あります。たとえば，感染拡大により，期日までに製品を納入できない，イベント等が開催できないなど，現実に債務の不履行事例が発生しました。実務上は，これらが契約法上の不可抗力に該当する否かを検討しなければなりません。仮に不可抗力であれば，債務を履行できない当事者が免責され，または，契約解除という事態も招来することとなるからです。

不可抗力の認定は，自然現象・社会現象か否か，外部から生じた原因であり，かつ防止のために相当の注意をしても防止できないか否かなどによって判断されています。特に裁判所は，その時点を基準として，個別具体的な事情に基づき，契約上の債務の履行を断念することがやむを得ないといえるかどうかを慎重に判断しているようです[5]。

この点，政府機関による制限措置が契約不履行の直接の原因となる場合には，不可抗力と判断される傾向にあるといえます。また，不可抗力の発生を主張する当事者としては，不可抗力の発生後に速やかに相手方に通知を行うと同時に，その立証責任を負い，相手方の損害の拡大を防止する義務も負い得る点に留意すべきです。

また，イベントがキャンセルされた場合の返金の要否など，消費者契約の解除については，損害賠償の額を予定する条項（消費者契約法9条）や，消費者の利益を一方的に害する条項（同法10条）の無効には注意が必要です。

(2)　独禁法・下請法関係

新型コロナは，サプライチェーンにも影響を与えるため，下請法にも一応の目配りが必要です。この点に関し，経済産業省からは，「新型コロナウイルス感染症により影響を受ける下請等中小企業との取引に関する一層の配慮について」（2020年3月10日）が公表されており[6]，①納期遅れへの対応，②適正なコスト負担，③迅速・柔軟な支払の実施，④発注の取消し・変更への対応を要請しています。

---

5) 東京地判平26年10月8日判時2247号44頁等。

6) https://www.meti.go.jp/press/2019/03/20200310003/20200310003-1.pdf

5　小括

　逆説的なようですが，新型コロナの経験は，これまでの平時の業務を改善する好い機会になります。たとえば，従前「紙対応」に慣れてきた企業の法務部または法務担当者でも，感染拡大による在宅勤務の結果，専門書の WEB アクセス，サーバー上での法務文書ファイル管理，印鑑廃止等，急速なデジタル化への取組みが始まりました。

　また，私たちが別なパンデミックを迎える際には，今回の経験が必ず大きな参考となるはずです。

　未曽有の厳しい環境も，いずれは終息の時が来ます。こうしたときこそ，個人にも企業にもレジリエンス（resilience）が求められます。真摯に問題に向き合えば，いかなる逆境も乗り越えることができるでしょう。

発展課題
- ☑ 企業法務のデジタル化について検討しよう。
- ☑ 新型コロナの経験のうち，将来のパンデミック対応の参考となるべき項目を整理しよう。

局中法度～よき法務担当者となるために

【Case】
　よき法務担当者となるために心がけるべき事柄とは何か。

本講のポイント

▶ よきビジネス・パーソンであれ。
▶ 誠実であれ。
▶ 忠実^{マメ}であれ。
▶ 謙虚であれ。
▶ 己^{おの}れをかけよ。
▶ 感謝の気持ちを忘れない。

解　説

　法務部員ないし法務担当者に評論家は要りません。実務家集団としての職人技が求められています。

　そもそも「当否」は多数決で決めるべきでしょうが，「正誤」の問題は多数決に馴染みません。「情報の共有化」などという言葉は格好いいですが，決して会議では事件・問題など解決しないのが現実です。私たちはネットワークとフットワークで仕事をする必要があります。

　そして，

① 「信頼される法務」（相談しやすい法務）と，

② 「積極的に情報発信する法務」（モノを言う法務）

の実現を目指して，日々精進しなければなりません。

　以下には，よき法務担当者となるための「心の構え（Mental Attitude）」6項目を列挙してみました。これが菅原「局中法度」です。

① よきビジネス・パーソンであれ

　ビジネス法務に携わる以上，我々に教科書的な説明は求められていません。営利（business）と正義（justice）の交錯する中で，最善の処方を考える必要があります。

　真の意味でビジネスに有利な法的判断は，形式的な法的安全だけで語り尽せるものではないのです。たとえば，身近な法律事務においても，各種契約書の立案や審査に際して，当方に圧倒的有利な，あるいは漏れのない契約書を作成すること自体は，それほど難しい作業ではありません。確かに，商品引渡時の危険負担や契約履行時の損害賠償について，責任の大半を相手方に寄せて，自社の法的地位を安泰に保つことも大切ですが，過去の経験から算出される事故率（loss ratio）や損害保険料（premium）コスト等にかんがみ，自社が責任の一部を負担してでも，契約単価を引き下げるような「実を取る」ほうが得策というビジネス上の判断もあり得るでしょう。そこには，単なる法律知識に加えて，経験に裏付けられたビジネス感覚といったものが不可欠です。このような契約の法的判断にとどまらない，事業活動の全体に及ぼす影響や経済性の見地からの選択決定こそが，企業実務の現場では求められています。

　吉田松陰が，愛弟子で妹婿の久坂玄瑞に「事を論ずるには，当に己れの地，己れの身より起こすべし（物事を論じるには，まさに自己の立っている地点，自己の置かれている身より立論を出発させるべきである）」と書き与えたそうです（「久坂生の文を評す」，『丙辰幽室文稿』安政3年6月2日）。まずは自らのビジネスの識見をしっかりと固め，その目線から法的課題に対処することが肝要です。自分のビジネスに関する識見から論じるからこそ，その対処法にも説得力が増すのだということを知るべきでしょう。

　企業法務に携わる者は，法律の専門家であると同時に，一流の経済人・企業人（business person）でなければなりません。

2 誠実であれ

かのマザー・テレサは，「誠実であれば，人はあなたを欺くかもしれません。それでも誠実でいなさい（If you are honest, people may cheat you. Be honest anyway. ~Mother Teresa~）」と説きました。

法務部員としての誠実さとは，気配り・気働き（hospitality）のことだと思います。悩んでいる相談者がいたら，それを受け入れようとする精神が，ホスピタリティにつながっています。

私たちが法的サービス（legal service）の提供者である以上，相手方ないし周囲に対する気配りが必須なのは当然のことです。

3 忠実（マメ）であれ

私たちは，特に迅速・的確な反応に心がける必要があります。

「武士道といふは，死ぬ事と見付けたり」という一節で有名な山本常朝は，その養子権之丞に対して，次のような言葉を残しています。「権之丞殿へ咄に，唯今がその時，その時が唯今なり。二つを合点してゐる故，その時に間に合わず（いざというときと平常とは同じことである。これを二つの別々のことと理解しているから，いざというときに間に合わないのだ。『葉隠 聞書第二』）」。一瞬，一瞬を，真剣勝負のつもりで過ごす心得こそが大事である，ということでしょうか。この心がけは，すべてのことに通じるように思います。

法務部では，毎日何件もの相談に応じることになりますが，このように私たちを頼りにしてくれる大半は，悩める人，苦しんでいる人です。悩み苦しむ人々にとっての最大の救いは，決して自分一人ではないこと，我々が傍にいることを実感することなのです。そのためには，問いかけに対して，できる限り迅速に反応しなければなりません。

即答できない相談がメールであったときなど，つい悪気なく返信を失念してしまうことがあり得ます。しかし，返事を待つ身にとっては，不安です。たとえ即答しない場合でも，「調査・検討して，後ほど回答します」くらいのこと

は，迅速に返事すべきです。

　いかなる相談者に対しても，その一瞬，一瞬を真剣勝負のつもりで接し，迅速・的確な対応に心がけたいものです。

④　謙虚であれ

　そつなく，そして自信たっぷりに対応して，悦に入っているタイプは，この仕事に不向きです。米国独立宣言の起草委員の一人であるベンジャミン・フランクリンの言葉にも，「謙遜は偉大な人を二倍名誉あるものとする。(Humility makes great men twice honourable. ~Benjamin Franklin~)」という名言があります。

　謙虚さを欠いては，往々にして「知ったふり，わかったふり」で聞きかじりの不正確な知識を吐き出してしまう危険がありますし，わかった風なことをいってしまえば，後で取返しのつかないことにもなりかねません。ある程度の場数を踏む前は，自らの回答に慎重を期そうと思い，かえって相談業務から腰が引けてしまいますが，このくらいの姿勢のほうが後々伸びていきます。

　謙虚に学ぶことの大切さを忘れてはなりません。

　安岡正篤という名前をご存知でしょうか。戦前・戦後を通じて活躍した陽明学者であり，東洋思想家です。特に東洋政治哲学や人物学の権威として，政財界人の啓発および教化に努めました。現在の経済界のリーダーにも，その影響を大きく受けている人が多いと聞きます。かの昭和の名横綱・双葉山定次もその心酔者の一人で，70連勝成らず安芸ノ海に敗れたとき，ヨーロッパへ向かう洋上にいた師安岡のところに「イマダ モッケイタリエズ フタバ（未だ木鶏たり得ず，双葉）」と打電したという話は，あまりにも有名です。

　この安岡が，ある講話のなかで，「人間は努力さえすればなんとかなる，どころではない，必ず大したものになる。努力が足りぬからうだうだに終わってしまう。大事なことは学問・修養であります」と述べています。

5

己れを賭けよ

ユング心理学・臨床心理学の大家である河合隼雄先生の『こころの処方箋』というコラム集を読んで，特に印象に残ったのが「100％正しい忠告はまず役に立たない」という名言でした。曰く「この際はこれだという決意をもってするから，忠告も生きてくる。己をかけることもなく，責任を取る気も無く，100％正しいことを言うだけで，人の役に立とうとするのは虫がよすぎる」と。

法律の仕事もそうです。確かに100％正しい忠告など，クソの役にも立ちません。評論や結果論などでは，悩める人を救えないのです。「あの場合はこう，別なケースではこう」といった総花的なアドバイスは，確かに100％正しいかもしれませんが，相談する方々にとってみれば，ほとんど役に立たない一種の評論に過ぎません。法律相談も「このときは，これだ」という決意をもってするから，私たちのアドバイスも活きてきます。

己れを賭けることもなく，責任をとる気もなくて，相談者の役に立とうというのがおこがましいのです。法律相談に応じるときには，いつも己れ自身を賭けて相談者と対峙する気構えと準備が必要だと思います。

6

感謝の気持ちを忘れない

法務の業務は，やりがいのある，いい仕事です。自分が努力すれば，努力した分だけ，周りの人々から感謝され喜んでもらえます。逆にいえば，感謝されることに敏感でなければ，良い仕事もできません。そのためには，日ごろから，自分自身が周りに感謝する気持ちを忘れないことです。

私たちが本気で「信頼される法務」を目指すのであれば，周りへの感謝の気持ちを忘れてはなりません。

かつてビジネス・パーソンの間でよく読まれた本に，デール・カーネギーの著書があります。彼は，1888年にミズーリ州の片田舎の農家に生まれ，苦学の末，教員として立つべくウォーレンバーグ大学を卒業しました。その後，YMCAが設けた夜間社会人講座で話し方教室を受け持ちましたが，その講義

の実際的効果をあげるため，古今東西の伝記や社会的成功者の体験談を蒐集し，これらを総合分析して生活技術の体系を打ち立て，多くの人々に人生のヒントを与えました。

　彼が 1948 年に発表した *"How to Stop Worrying and Start Living"* のなかで，人がマイナスをプラスに変えようと試みるだけで，否定的考えが肯定的考えにとって代わり，創造的エネルギーを開放するのだと述べています。

　「あなたを幸せにしてくれるものは，あなたが持っているものや，あなたが何者か，あなたが何処にいるか，なのではない。それは，あなたが何を考えるか，なのである。(It isn't what you have or who you are or where you are or what you are doing that makes you happy or unhappy. It is what you think about it. ~Dale Breckenridge Carnegie~)」

　ぜひマイナスからプラスに変える力を発揮できるような仕事がしたいものです。

発展課題
☑ 自らの業務に照らして，よき法務担当者となるための具体的な項目を考えてみよう。

事　項　索　引

175

著者紹介

弁護士，慶應義塾大学大学院法務研究科（法科大学院）教授。

得意分野は，商法・会社法，経済法，国際取引，情報法務，リスクマネジメント等の企業法務全般，取扱案件としては，航空運送関係，損害賠償一般，国際カルテル，労働災害，破産管財事件等．上場会社の企業内弁護士および法務・コンプライアンス担当役員，東京弁護士会国際取引法部事務局長，法制審議会商法部会委員等を歴任。

『新しい会社法の知識〔全訂版〕』（商事法務），『詳解 個人情報保護法と企業法務〔第7版〕』（民事法研究会），『企業トラブルの解決・予防法』（こう書房）ほか，著書・論文多数。

企業法務入門 20 講

2021 年 1 月 20 日　第 1 版第 1 刷発行

著　者　菅　原　貴与志
すが わら たか よし

発行者　井　村　寿　人

発行所　株式会社 勁　草　書　房
けい そう

112-0005 東京都文京区水道2-1-1　振替　00150-2-175253
（編集）電話 03-3815-5277／FAX 03-3814-6968
（営業）電話 03-3814-6861／FAX 03-3814-6854
本文組版 プログレス・理想社・中永製本

上田純子・植松勉・松嶋隆弘 編著

少数株主権等の理論と実務 4,800 円

丸橋透・松嶋隆弘 編著

資金決済法の理論と実務 4,800 円

民事証拠収集実務研究会 編

民事証拠収集 3,700 円
　　—相談から執行まで

喜多村勝徳

契約の法務（第 2 版） 3,300 円

喜多村勝徳

損害賠償の法務 3,500 円

第二東京弁護士会情報公開・個人情報保護委員会 編

AI・ロボットの法律実務 Q&A 3,500 円

松尾剛行・山田悠一郎

最新判例にみるインターネット上の
名誉毀損の理論と実務（第 2 版） 5,500 円

―――――――――――――――――――――――――― 勁草書房刊

＊表示価格は 2021 年 1 月現在。消費税は含まれておりません。